Pablo Largo Domínguez

Lectio Divina
para tiempos fuertes

CUARESMA
y Semana Santa

No solo de pan

2025

CLARET PUBLISHING GROUP

© Publicaciones Claretianas, 2025

Juan Álvarez Mendizábal 65 dpdo. 3º.
28008 Madrid
Tlf.: 915 401 267
http://www.publicacionesclaretianas.com
publicaciones@publicacionesclaretianas.com
comercial@publicacionesclaretianas.com

ISBN: 978-84-7966-810-5
Depósito Legal: M-2667-2025

Impreso en España / Printed in Spain
Imprime: Estugraf, S.L.

Introducción

El año litúrgico no es de una monotonía cansina que induce hastío y desgana; y no lo es porque tampoco lo es el misterio de Cristo, cuya largura, altura, anchura y profundidad nunca serán sondeadas del todo. Se nos ofrece la secuencia de varios tiempos litúrgicos para que la vivencia del misterio no resulte demasiado repetitiva, plana, descolorida. Importa acoger la gracia y llamada de cada tiempo, tener «tono estacional».

Podemos preguntarnos: ¿hasta qué punto cobra nuestra vivencia del misterio cristiano la tonalidad propia del respectivo tiempo: Adviento, Navidad, Tiempo Ordinario, Cuaresma, Pascua? ¿Tiene cada uno un colorido especial para nosotros? ¿Qué fibra del espíritu toca? ¿Qué acordes despierta y levanta?

La Cuaresma no es un ciclo que comienza en sí y acaba en sí, no lleva de la Cuaresma a la Cuaresma; no es un tiempo que se ha vuelto loco, que patina, o que se enrosca y gira sobre su eje imaginario sin apuntar más allá de sí. Como la flecha pertenece al blanco, como el camino pertenece a la meta, como el atrio pertenece al templo, como la víspera pertenece a la fiesta, así la Cuaresma pertenece y se orienta toda ella, como flecha certera, a la Pascua, que es su razón primera y última de ser.

Será, por tanto, el domingo de Pascua, primer domingo después de la luna llena tras el equinoccio de primavera en el hemisferio Norte, el que determine el inicio de este tiempo. Ese Día del Señor por antonomasia cae este año el 20 de abril. Hacia él enfilamos ya nuestros pasos desde el Miércoles de Ceniza.

Recordemos la historia de la anciana que se detuvo en la posada. Al enterarse el dueño del punto a que se dirigía (la cumbre de una montaña), sentenció: «No podrás llegar con este tiempo de monzones». Ella repuso: «Oh, amigo, mi corazón ha estado allí toda la vida; ahora solo es cuestión de llevar mi cuerpo». Al emprender el camino cuaresmal, nuestro corazón está ya en la hora que sujeta todas las horas de la historia, en el Triduo Santo que sujeta todos los días del año y de la Cuaresma; nuestro corazón está en el monte Calvario y en la dichosa oquedad de un sepulcro, vacío por desalojo. Ahora solo es cuestión de dejarnos atraer por el acontecimiento de aquel Viernes Santo y Domingo de Pascua.

La liturgia cuaresmal tiene rasgos propios. Salvo en días excepcionales (solemnidad de san José, Anunciación del Señor), no se reza ni canta el Gloria; además, en este tiempo, a diferencia del Adviento, se suprime el Aleluya en la misa y en el oficio divino, el uso del órgano y de otros instrumentos solo se permite para sostener el canto y no se adorna el altar con flores. Se significa así la peculiaridad marcadamente penitencial de la cuarentena. El rito de la imposición de la ceniza visibiliza la llamada a la conversión.

Podemos sugerir que el mensaje cristiano en su conjunto armoniza dos tonos espirituales básicos: el júbilo y la seriedad. El júbilo, por el anuncio del amor sin tasa de Dios y el don inefable de su salvación, de su gracia, de la comunión con Él a que nos invita y en que nos acoge por su Hijo Jesús; la seriedad, por darnos a conocer el precio de tal gracia: el Hijo amado cargó con el pecado del mundo, con nuestras culpas personales, con nuestra muerte, para devolvernos la belleza que habíamos deformado y el esplendor de su imagen que habíamos oscurecido.

El júbilo es el tono propio del tiempo pascual, la seriedad el de los días de Cuaresma. No los separa ningún abismo: el gozo de Pascua irradia ya sobre la cuarentena preparatoria (lo subraya el domingo «Lætare», cuarto de Cuaresma), el perdón recibido en las celebraciones penitenciales es fuente de alegría, y esta es también el fruto de renuncias bien sopesadas y asumidas: por ellas se participa en la victoria y la paz de Cristo. Por otro lado, tomar parte en esta victoria y paz implica que los bautizados en su muerte-resurrección sigamos empeñados, también en Pascua, en combates más o menos recios. Es una paz armada. Que el Señor, a través de una espiritualidad pascual, nos siga configurando con su belleza y esplendor. Y que la esperanza, brotada de su Pascua, aliente todo el Año Jubilar.

La «lectio divina»: orar con la Palabra

La *lectio divina* es un método –experimentado por la Tradición de la Iglesia– para acercarse a la Palabra de Dios y penetrar mejor en su significado. Se dice de él que es «como una escalera para subir desde la tierra hasta el cielo». Pero lo importante no es el método, sino conseguir hacer una «lectura orante» de la Palabra. Se trata de acercarte a Dios a través de su Palabra y dejar que te muestre su voluntad.

Es un método sencillo que nos propone seguir diferentes pasos. Los monjes distinguieron hasta diez diferentes, aunque hoy se han simplificado. Con todo, es necesario reservar un tiempo para su práctica. No se puede hacer en dos minutos. Con el tiempo verás que te gustará dedicarle más y más tiempo. Te proponemos que sigas estos cuatro pasos:

1. Lectura (*Lectio*)

Se trata de que leas y releas atenta y pausadamente el texto, aunque te suene familiar, tratando de comprender lo que dice. Si lo vieras necesario puedes servirte de un diccionario. Verás que, al leer la Palabra, siempre se descubren cosas nuevas, matices, subrayados o ecos diferentes. Siempre hay algo que focaliza tu atención y resuena con más fuerza.

2. Meditación (*Meditatio*)

Meditar significa reflexionar, intentar responder a la siguiente pregunta: ¿qué me dice a mí el texto? Se trata de buscar lo que te puede estar diciendo Dios en este momento de tu vida, o cómo ilumina su Palabra tus inquietudes, preguntas,... en definitiva, de intentar descubrir la voluntad de Dios.

3. Oración (*Oratio*)

Una vez intuido lo que Dios quiere de ti, puedes entrar en diálogo sincero con Aquel que te escucha, sabe lo que necesitas y deseas. Se trata de hacer oración la voluntad de Dios: dale gracias, pídele perdón o ayuda, intercede por otros... Dialoga con Él con confianza, abandonándote en sus manos y abriendo tu corazón a su presencia viva.

4. Acción (*Actio*)

Lo que has descubierto al leer, meditar y orar lo llevas a la vida. Se trata de convertir en acción aquello que antes ha sido contemplado. La relación con Dios siempre te lleva a la vida diaria. Siempre habrá algo que transformar, algo que hacer por ti o por los demás para que la voluntad del Señor y su reino se hagan más presentes en nuestro mundo. En definitiva, hacer vida su Palabra.

Miércoles de ceniza

Jl 2,12-18 Volveos a mí de todo corazón.
Sal 50. Misericordia, Señor: hemos pecado.
2Co 5,20–6,2 ¡Ahora es el día de la salvación!
Mt 6,1-6.16-18

*E*n aquel tiempo dijo Jesús a sus discípulos: "No practiquéis vuestra religión delante de los demás sólo para que os vean. Si hacéis eso, no obtendréis ninguna recompensa de vuestro Padre que está en el cielo. Por tanto, cuando ayudes a los necesitados no lo publiques a los cuatro vientos, como hacen los hipócritas en las sinagogas y en las calles para que la gente los elogie. Os aseguro que con eso ya tienen su recompensa. Tú, por el contrario, cuando ayudes a los necesitados, no se lo cuentes ni siquiera a tu más íntimo amigo. Hazlo en secreto, y tu Padre, que ve lo que haces en secreto, te dará tu recompensa. Cuando oréis, no seáis como los hipócritas, a quienes les gusta orar de pie en las sinagogas y en las esquinas de las plazas, para que la gente los vea. Os aseguro que con eso ya tienen su recompensa. Pero tú, cuando ores, entra en tu cuarto, cierra la puerta y ora en secreto a tu Padre. Y tu Padre, que ve lo que haces en secreto, te dará tu recompensa. Cuando ayunéis, no pongáis el gesto compungido, como los hipócritas, que aparentan aflicción para que la gente vea que están ayunando. Os aseguro que con eso ya tienen su recompensa. Pero tú, cuando ayunes, lávate la cara y arréglate bien, para que la gente no advierta que estás ayunando. Solamente lo sabrá tu Padre, que está a solas contigo, y él te dará tu recompensa".*

Lectura: En Joel nos llega una convocatoria de Dios mismo para iniciar la Cuaresma con una liturgia penitencial comunitaria, desde la conciencia de culpa y la confianza en el perdón del Misericordioso. Pablo nos apremia a aprovechar este hoy del 5 de marzo como tiempo favorable para dejarnos reconciliar con Dios. Jesús señala tres órdenes de la vida en que dar señales de conversión.

Meditación: La conversión necesita espíritu y práctica literal: esta última señala en qué hemos de ejercitarnos, para que la llamada a la conversión no se diluya en una vaguedad etérea; y el espíritu señala el porqué, el para qué y, hoy especialmente, el cómo. Los tres órdenes de nuestro mundo vital que Jesús señala son: la relación con las cosas, la relación con los otros, la relación con Dios.

Con la práctica del ayuno y la abstinencia (que podemos referir a distintos objetos de posesión y disfrute) decimos a las cosas: «Vosotras no sois mi Dios. Sois un don suyo, y lo agradezco y empleo, pero no cifro el objetivo de mi vida en poseeros, y no dejaré que me atrapéis». El desprendimiento de cosas se ordena a la relación con quienes pasan necesidad, que pueden decirme: «Hueso y carne tuya somos. No nos vuelvas la espalda ni cierres la mano; no seamos invisibles para ti». Con la práctica de la oración queremos aprender a decirle a Dios: «Solo tú eres nuestro Bien, solo tú nuestro Señor, solo a ti pertenecemos, Padre nuestro. Danos el pan de este día e inspíranos el gesto fraterno. Danos vivir sana distancia frente a las cosas, mayor cercanía a los pobres, apertura a ti. Pródigo y a la vez discreto en tus dones, nos enseñas a disimular las privaciones, a dar a hurtadillas, a orar en la intimidad».

Oración: Gracias, Padre, por ofrecernos este tiempo de Cuaresma. Hoy nos revelas que ves en lo escondido, que conoces lo secreto del corazón. Que nuestras obras buenas sean de tu agrado y que ninguna finalidad torcida las desvirtúe.

Acción: Pregúntate qué gestos puedes realizar esta Cuaresma en tu contexto personal y fíjate un plan sencillo y concreto.

Jueves ceniza

Dt 30,15-20 Os he dado a elegir.
Sal 1. Dichoso el hombre que ha puesto su confianza en el Señor.
Lc 9,22-25   MARZO   **6**

> *En aquel tiempo les decía Jesús: "El Hijo del hombre tendrá que sufrir mucho, y será rechazado por los ancianos, por los jefes de los sacerdotes y por los maestros de la ley. Lo van a matar, pero al tercer día resucitará". Después dijo a todos: "El que quiera ser mi discípulo, olvídese de sí mismo, cargue con su cruz cada día y sígame. Porque el que quiera salvar su vida la perderá; pero el que pierda su vida por causa mía, la salvará. ¿De qué le sirve al hombre ganar el mundo entero, si se pierde o se destruye a sí mismo?".*

Lectura: Dios ha inscrito sus mandamientos en las tablas del corazón. Y no son solo mandatos; cierto, cada uno puede aparecer mortificante para nuestro hombre viejo, pero lleva inscrita en sus entrañas una promesa de vida. Sucede lo contrario con las sugestiones del maligno: prometen vida y felicidad, pero llevan dentro semillas de muerte. Los amores que vivimos, las elecciones que hacemos, las decisiones que tomamos y las conductas que adoptamos imprimen una huella en nosotros, configuran nuestra identidad. Si somos discípulos de Jesús, su camino ha de ser nuestro camino, que no siempre será un camino de rosas. Nos llama a seguir sus pisadas.

Meditación: «Cargue con su cruz *cada día* y sígame». Jesús anuncia su muerte y resurrección. Señala, ya desde hoy, la meta a que peregrinamos, para que la tengamos presente a lo largo del camino cuaresmal. Nos llama a cargar con la propia cruz cada día e ir en pos de Él.

Cada día es un don precioso, único, sin posible retorno; a la vez es un don vulnerable: podemos echarlo a perder, convertirlo en un tiempo muerto, volverlo estéril. El día de hoy puede tener su dosis de cruz: quizá la agenda presenta tareas ingratas o de una lentitud exasperante; quizá este día pide llevar con paz una herida o una humillación infligida por alguien de quien no se esperaba; quizá llama a perseverar en la oración a pesar de la sequedad o a no amargarse por una decepción o la frustración de una expectativa no cumplida o a cargar sin quejas con las limitaciones, achaques, privaciones, pasividades, soledad, enfermedad.

Es tu cruz; no la conoces de oídas, sientes su peso y dureza en propia carne. Puedes pedir que ese cáliz pase de ti, como Jesús; puedes pedir verte libre de esa espina en la carne, como Pablo. Jesús fue confortado por un ángel; a Pablo le dijo el Señor: «Te basta mi gracia: la fuerza se realiza en la debilidad» (2Co 12,9); a ti no te dejará sin amparo. Si no aceptas tu cruz, no cargas con ella y no le das al Señor oportunidad para que te fortalezca, ¿cómo podrás ayudar a otros a sobrellevar su cruz?

Oración: Jesús, contemporáneo nuestro, concédenos vivir el día de hoy siguiendo tus huellas y unidos a ti; así no nos quedaremos rezagados y tu carga será más ligera. Si pasamos por alguna prueba, concédenos afrontarla serenos y animosos. Con el pan y el vino de la eucaristía andaremos este camino, etapa tras etapa.

Acción: Ora hoy como oró Jesús, ora como oró Pablo, para que puedas llevar con paz la cruz y prueba de esta jornada y perseveres en el seguimiento de tu Maestro y Guía.

Viernes ceniza

Is 58,1-9a *El ayuno que agrada al Señor.*
Sal 50. *Un corazón quebrantado y humillado, tú, Dios mío,
no lo desprecias.*
Mt 9,14-15

*L*os seguidores de Juan el Bautista se acercaron a Jesús y le preguntaron: "Nosotros y los fariseos ayunamos con frecuencia: ¿Por qué tus discípulos no ayunan?". Jesús les contestó: "¿Acaso pueden estar tristes los invitados a una boda mientras el novio está con ellos? Pero llegará el momento en que se lleven al novio, y entonces ayunarán".

Lectura: Isaías denuncia ciertos ritos penitenciales absolutamente baldíos. ¡Como si pudieran cohonestar unas relaciones humanas marcadas por la injusticia y la dureza de corazón! El profeta insta a realizar varias obras corporales de misericordia. Jesús explica cuál es el tiempo oportuno para el ayuno y cuál no, y apunta veladamente a su muerte.

Meditación: A los seguidores del Bautista se les escapa el porqué de la extraña conducta de los discípulos de Jesús y parecen decirse: «Pero, bueno, ¿se puede saber por qué se eximen de la práctica del ayuno?». Le plantean la pregunta al mismo Jesús. Él distingue tiempos. «Ayuno de bodas» es una contradicción en los términos, y la fórmula correcta es «banquete de bodas»; se puede llevar la contraria a muchas tendencias sociales, pero el ayuno y la tristeza *no casan* con el exceso y alegría que reclama una boda. Y esa es la circunstancia en que se encuentran los discípulos de Jesús: se ha cumplido el tiempo de los desposorios de Dios con su pueblo. Jesús es el novio. ¡Cómo ayunar y llevar luto riguroso en ese tiempo bendito! ¡Es algo totalmente intempestivo! ¡Un despropósito!

Pero en otros tiempos (concretamente, en este de Cuaresma) importa practicar la abstinencia y el ayuno. Para decir a las cosas y decirnos a nosotros que no solo de pan vive el hombre; para experimentar mínimamente en carne propia el estado de los que desfallecen de hambre; para compartir con ellos al menos cierto excedente de nuestras provisiones y unir así el ayuno y la misericordia, como pide el profeta; para recordar la bienaventuranza de los hambrientos de pan y de los hambrientos de justicia (hambrientos de llevar a la práctica con amor y empeño la voluntad de Dios); para no morir de solo pan… Y para reconocer con ánimo penitente que no hemos sido fieles a fines tan sensatos y saludables. La buena forma interior también pide privaciones y renuncias, desintoxicarse, liberarse de ciertas dependencias y no cerrarnos a nuestra propia carne.

Oración: Enséñanos, Señor, a jerarquizar las cosas, dando a cada una la importancia que tiene; enséñanos a poner la ascesis, como prontitud para toda obra buena, al servicio de la justicia y la misericordia; enséñanos a discernir los tiempos y los momentos, las prácticas propias de cada tiempo y el sentido de cada práctica, para no vivir como autómatas o sonámbulos. Ayúdanos a acompasar comunitariamente los ritmos de nuestro camino cuaresmal.

Acción: Examina si tienes alguna dependencia o adicción. Ejercítate en vencerla. Practica hoy alguna renuncia.

Sábado ceniza

Is 58,9b-14 Darse en servicio del hambriento.
Sal 85. Enséñame, Señor, tu camino, para que siga tu verdad.
Lc 5,27-32

MARZO **8**

Después de esto, Jesús salió y se fijó en uno de los que cobraban impuestos para Roma. Se llamaba Leví y estaba sentado en el lugar donde cobraba los impuestos. Jesús le dijo: "Sígueme". Entonces Leví se levantó, y dejándolo todo siguió a Jesús. Más tarde, Leví hizo en su casa una gran fiesta en honor de Jesús; y muchos de los que cobraban impuestos para Roma, junto con otras personas, estaban sentados con ellos a la mesa. Pero los fariseos y los maestros de la ley pertenecientes a este partido comenzaron a criticar a los discípulos de Jesús. Les decían: "¿Por qué coméis y bebéis con los cobradores de impuestos y los pecadores?". Jesús les contestó: "Los que gozan de buena salud no necesitan médico, sino los enfermos. Yo no he venido a llamar a los justos, sino a los pecadores, para que se conviertan a Dios".

Lectura: El profeta nos llama a ser hijos de la luz e hijos del día por el ejercicio de la justicia y de las obras de misericordia; Dios bendice al pueblo que es reflejo de su justicia y su amor. Jesús encarna la misericordia siendo comensal de cobradores de tasas y pecadores.

Meditación: Jesús no ha llamado a la puerta equivocada. Es la de un recaudador de tasas, única seña de identidad de Leví que conocemos. Sabemos que tampoco llamó a la puerta equivocada al invitarse a la casa de otro recaudador: a Zaqueo le dio un vuelco el corazón, bajó contento de la higuera, recibió a Jesús, hubo de nuevo un banquete y con

Jesús entró la salvación en aquella casa (Lc 19,1-10). Extrañamente, no sucedió lo mismo con el personaje importante e innominado que había cumplido los mandamientos desde joven y cuya «espantada» relata el evangelista en el capítulo anterior (Lc 18,18-30).

Es el misterio de los corazones. Cada uno tuvo su ocasión irrepetible. Cada uno tendría sus apegos y ataduras. Leví se desprendió de ellos; Zaqueo se comprometió a repartir bienes y a reparar generosamente sus eventuales fraudes. El personaje innominado, que era muy rico, estaba demasiado apegado a sus bienes; aquella tuvo que ser una revelación amarga para él. Tres opciones tomadas: la del discípulo itinerante, la del discípulo sedentario, la del candidato idóneo a discípulo que siente vértigo ante la propuesta y se echa para atrás, atrapado como está por sus riquezas. Hay que elegir entre estas opciones en las menudas o no tan menudas ocasiones que se presentan en el flujo monótono de la vida diaria.

Jesús acepta de comensales a publicanos y pecadores. No marca distancias sociales frente a ellos ni crea un cordón sanitario para aislarse Él y los suyos de todo contagio. Es Él quien contagia santidad en la práctica consecuente de la misericordia. «Está irrumpiendo en la esfera terrena la gracia del mundo superior» (Joel Marcus).

Oración: Jesús, ¡cuántas imágenes empleas para hablar de ti y de tu misión! Eres sembrador, pastor, novio o esposo, constructor, piedra angular… Hoy te muestras como médico. Tú conoces mejor que nosotros nuestros males. Ven hasta cada uno con tu presencia, tu Espíritu, tu palabra, tus sacramentos y sánanos. Y revélanos qué nos ata y retiene.

Acción: Ora por las personas que se dedican a actividades sanitarias. Prolongan el signo de los tiempos que fueron las curaciones físicas y espirituales realizadas por Jesús.

Domingo I

Dt 26,4-10 Dios escuchó nuestras súplicas.
Sal 90. Está conmigo, Señor, en la tribulación.
Rm 10,8-13 La palabra está cerca de ti.
Lc 4,1-13

Jesús, lleno del Espíritu Santo, volvió del río Jordán, y el Espíritu lo llevó al desierto. Allí estuvo cuarenta días, y el diablo le puso a prueba. No comió nada durante aquellos días, y después sintió hambre. El diablo le dijo: "Si de veras eres Hijo de Dios, ordena a esta piedra que se convierta en pan". Jesús le contestó: "La Escritura dice: 'No sólo de pan vivirá el hombre'". Luego el diablo lo llevó a un lugar alto, y mostrándole en un momento todos los países del mundo le dijo: "Yo te daré todo este poder y la grandeza de estos países, porque yo lo he recibido y se lo daré a quien quiera dárselo. Si te arrodillas y me adoras, todo será tuyo". Jesús le contestó: "La Escritura dice: 'Adora al Señor tu Dios y sírvele solo a él'". Después el diablo lo llevó a la ciudad de Jerusalén, lo subió al alero del templo y le dijo: "Si de veras eres Hijo de Dios, tírate abajo, porque la Escritura dice: 'Dios mandará a sus ángeles para que cuiden de ti y te protejan. Te levantarán con sus manos para que no tropieces con piedra alguna'". Jesús le contestó: "También dice la Escritura: 'No pongas a prueba al Señor tu Dios'". Cuando ya el diablo no encontró otra forma de poner a prueba a Jesús, se alejó de él por algún tiempo.

Lectura: El fiel israelita pronuncia una profesión de fe en las intervenciones de Dios en su historia, desde los patriarcas hasta la entrada y asentamiento en la tierra prometida. Pablo invita a creer con el corazón y profesar con los labios el misterio pascual. Jesús pasa por la prueba y vence armado con la Palabra de Dios.

Meditación: «No hay santidad sin renuncia y sin combate espiritual» (*Catecismo de la Iglesia Católica*, n. 2015). También Jesús se empeñó en ese combate. Ser Hijo de Dios no lo coloca por encima de los límites de la condición humana: pasa necesidad, no es indemne a nuestros males de criaturas, no disfruta de privilegios y exenciones, no hace milagros en beneficio propio, discierne sus opciones, se expone a situaciones de riesgo por fidelidad a su misión. Ser hijo de Dios es confiar en Dios en toda circunstancia, obedecerle como a tu verdadero Señor, adorarle solo a Él. La victoria lograda por Jesús en este combate anticipa su victoria pascual.

Cada cual conoce su talón de Aquiles, el flanco o flancos más débiles por los que la tentación intenta adueñarse de él y esclavizarlo. Quizá son sus miedos o su indolencia, que lo paralizan o frenan; quizá ciertas codicias y ambiciones, apetencias e impulsos; quizá un resentimiento que rebrota indócil, reacio a dejarse apaciguar… Consentir a ellos trae como fruto final la tristeza. No se nos da la vida hecha; toca hacerla, y en ella no falta la lucha (Job 7,1). Nos apropiamos de los valores venciendo resistencias y obstáculos. El fruto de las victorias es una alegría que nace de dentro, del Espíritu que mora en el interior (Gál 5,22), y que nadie puede arrebatar. *Cristo Vencedor* quiere hacernos partícipes de su victoria, su paz y su alegría. Militamos del lado bueno.

Oración: Jesús, tú fuiste probado en todo, menos en el pecado. Nos enseñaste a pedir al Padre que no nos deje caer en la tentación y nos exhortaste a orar para no desfallecer en las pruebas interiores o exteriores. Intercede por nosotros, para que permanezcamos fieles en todo tiempo.

Acción: Escribe algunas sentencias de la Escritura o de la Tradición que te impulsan en tu camino o te ayudan en tu combate espiritual.

Lunes I

Lv 19,1-2.11-18 Ama a tu prójimo.
Sal 18. Tus palabras, Señor, son espíritu y vida.
Mt 25,31-46

MARZO **10**

*E*n aquel tiempo dijo Jesús a sus discípulos: "Cuando venga el Hijo del hombre rodeado de esplendor y de todos los ángeles, se sentará en su trono glorioso. Todas las naciones se reunirán delante de él, y él separará a unos de otros como el pastor separa las ovejas de las cabras. Pondrá las ovejas a su derecha y las cabras a su izquierda. Y dirá el Rey a los de su derecha: 'Venid vosotros, los que mi Padre ha bendecido: recibid el reino que se os ha preparado desde la creación del mundo. Porque tuve hambre y me disteis de comer, tuve sed y me disteis de beber, fui forastero y me recibisteis, anduve sin ropa y me vestisteis, caí enfermo y me visitasteis, estuve en la cárcel y vinisteis a verme'. Entonces los justos preguntarán: 'Señor, ¿cuándo te vimos hambriento y te dimos de comer, o sediento y te dimos de beber? ¿O cuándo te vimos forastero y te recibimos, o falto de ropa y te vestimos? ¿O cuándo te vimos enfermo o en la cárcel, y fuimos a verte?'. El Rey les contestará: 'Os aseguro que todo lo que hicisteis por uno de estos hermanos míos más humildes, por mí mismo lo hicisteis'. Luego dirá el Rey a los de su izquierda: 'Apartaos de mí, malditos: id al fuego eterno preparado para el diablo y sus ángeles. Porque tuve hambre y no me disteis de comer, tuve sed y no me disteis de beber, fui forastero y no me recibisteis, anduve sin ropa y no me vestisteis, caí enfermo y estuve en la cárcel, y no me visitasteis'. Entonces ellos preguntarán: 'Señor, ¿cuándo te vimos con hambre o con sed, o forastero o falto de ropa, o enfermo o en la cárcel, y no te ayudamos?'. El Rey les contestará: 'Os aseguro que todo lo que no hicisteis por una de estas personas más humildes, tampoco por mí lo hicisteis'. Éstos irán al castigo eterno, y los justos, a la vida eterna".

Lectura: Los sacerdotes del templo de Jerusalén debían observar unas normas de pureza en el lugar santo; la santidad del pueblo de Dios consiste en cumplir los preceptos de la Ley que regulan las relaciones mutuas en los espacios comunes de la vida cotidiana. Jesús enumera obras de misericordia cuya práctica u omisión deciden el destino final.

Meditación: La dinámica de una vida evangélica exige pasar de los pensamientos, intenciones y decisiones a la actuación responsable. Es en esta donde culmina todo el proceso; no debe quedar abortado en la fase del pensar o del decidir. Mateo lo recalca en el primer discurso de Jesús –el del monte– y en el último –el escatológico–, y esta escena lo corrobora. La condena cae sobre el pecado de omisión. La inhibición no es moralmente neutra.

El Rey no se confunde con sus hermanos pequeños: los tiene cerca, a su lado. Pero revela una «identidad vicaria» –llamémosla así– con cada uno de ellos. No dice a los de su derecha o su izquierda: «es *como si* (no) me lo hubierais hecho a mí», sino «(no) me lo hicisteis a mí». Quienes han practicado la misericordia y quienes se han inhibido ignoraban esa identidad; es ahora cuando se les revela, para gran sorpresa de unos y otros. El Reino estaba preparado para los primeros desde la creación del mundo; y no estaba preparado para los segundos, sino para el diablo y sus ángeles, pero ellos se han *trabajado a fondo* ese destino… con su *inacción*.

Oración: Jesús, nos presentas como hermanos tuyos a quienes viven a nuestro lado y necesitan ayuda. Los confías a nuestra responsabilidad y cuidado. Amándolos y sirviéndolos te amamos y servimos a ti, Señor, que viniste a servir y a dar tu vida por todos.

Acción: Practica hoy una de las obras que Jesús detalla en el evangelio.

Martes I

Is 55,10-11 La palabra que sale de los labios de Dios.
Sal 33. El Señor libra de sus angustias a los justos.
Mt 6,7-15

MARZO **11**

En aquel tiempo dijo Jesús a sus discípulos: "Al orar no repitas palabras inútilmente, como hacen los paganos, que se imaginan que por su mucha palabrería Dios les hará más caso. No seáis como ellos, porque vuestro Padre sabe lo que necesitáis aun antes de habérselo pedido. Vosotros debéis orar así: 'Padre nuestro que estás en el cielo, santificado sea tu nombre. Venga tu reino. Hágase tu voluntad en la tierra así como se hace en el cielo. Danos hoy el pan que necesitamos. Perdónanos nuestras ofensas como también nosotros perdonamos a quienes nos han ofendido. Y no nos expongas a la tentación, sino líbranos del maligno'. Porque si vosotros perdonáis a los demás el mal que os hayan hecho, vuestro Padre que está en el cielo os perdonará también a vosotros; pero si no perdonáis a los demás, tampoco vuestro Padre perdonará el mal que vosotros hacéis".

Lectura: La tierra y la semilla necesitan imperiosamente el agua para no quedar baldías y dar buena cosecha; si esa criatura de Dios tiene tal poder de dar vida, mucho más la Palabra de Dios, que solo volverá a Él tras cumplir su encargo. Como tierra sedienta, nos abrimos a Dios para recibir los dones que nos quiere otorgar y evitar que nuestra vida quede estéril; el mejor modo de decírselo es la oración que enseñó Jesús a sus seguidores tal como la formula el evangelio de san Mateo.

Meditación: El padrenuestro es una oración que, en su brevedad, contrasta con el estilo pagano de orar, descrito como un machacón y cargante ejercicio de fatigar a los dioses. Esta oración de la comunidad de Jesús es un compendio del Evangelio. Repasemos cada petición, tratando de acercarnos al sentido originario.

Los discípulos de Jesús piden al Padre que santifique su nombre, es decir, que reúna y restablezca a Israel, según el solemne compromiso revelado a través de Ezequiel (Ez 36,21-23), repatriando y purificando al pueblo (cf. Ez 36,24-28). Piden que venga su Reino, y así se reconozca su divinidad, no oscurecida ya por las fuerzas del antirreino que fomentan la desavenencia, la indiferencia, la mentira, la injusticia, el mal. Piden la gracia de acoger fielmente la voluntad divina, pues ahí es donde se plasma una actitud filial y se confiesa con obras la soberanía de Dios. Piden el pan del mañana anticipado al hoy y dispensado a los hijos para que se sienten a la mesa con alegría y acción de gracias. Piden el perdón de las ofensas, nota de los tiempos finales en que un Dios manirroto derrocha su perdón y urge a ejercerlo sin tasa y de corazón en la comunidad. Piden verse preservados en medio de las dramáticas pruebas finales.

Oración: Gracias, Jesús, por habernos regalado la oración del padrenuestro. Es la oración de tu comunidad y en ella todos y cada uno pedimos los mismos dones para todos y cada uno. Al rezarlo, crecemos en un confiado sentimiento filial para con el Padre, afianzamos nuestra fraternidad y aprendemos a discernir y compartir nuestras necesidades y esperanzas. Concédenos que lo que dicen los labios brote de un corazón alentado y caldeado por el Espíritu.

Acción: Medita cada petición del padrenuestro y refiérela a tu situación vital, haciéndolo a la vez con sentido eclesial.

Miércoles I

Jon 3,1-10 Clamad a Dios con todas vuestras fuerzas.
Sal 50. Un corazón quebrantado y humillado, tú, Dios mío,
no lo desprecias.
Lc 11,29-32

*L*a multitud seguía juntándose alrededor de Jesús, y él comenzó a decirles: "La gente de este tiempo es malvada. Pide una señal milagrosa, pero no se le dará otra señal que la de Jonás. Porque así como Jonás fue señal para la gente de Nínive, así también el Hijo del hombre será señal para la gente de este tiempo. En el día del juicio, cuando se juzgue a la gente de este tiempo, la reina del Sur se levantará y la condenará; porque ella vino de lo más lejano de la tierra para escuchar la sabiduría de Salomón, y lo que hay aquí es más que Salomón. También los habitantes de Nínive se levantarán en el día del juicio, cuando se juzgue a la gente de este tiempo, y la condenarán; porque los de Nínive se convirtieron a Dios cuando oyeron el mensaje de Jonás, y lo que hay aquí es más que Jonás".*

Lectura: Jesús evoca a Jonás, el profeta díscolo y quejoso. Este, después de la segunda orden divina, marcha a la pagana Nínive, recorre la gran ciudad y anuncia su destrucción al cabo de cuarenta días. Su solo anuncio, sin el aval de un signo, despierta un movimiento colectivo de conversión. Una extranjera, la reina del Sur, emprende un largo viaje para escuchar la sabiduría de Salomón. Los de casa no reconocen al profeta definitivo ni su sabiduría.

Meditación: Hubo, en la generación siguiente a Jesús, ciertos «profetas del signo», con un perfil distinto del de Juan Bautista y del de Jesús. Teudas (hacia el año 45) convenció a muchos para que lo *siguieran* a las orillas del Jordán, prometiéndoles que, a una orden suya, se hendirían las aguas del río como antaño con Josué. Un profeta egipcio (hacia los años 53-55) arrastró a millares hasta el monte de los Olivos y les prometió que los muros de la ciudad se derrumbarían como sucedió en Jericó con Josué. Ya antes (año 36), un profeta samaritano había llevado a muchos seguidores al monte Garizim asegurándoles que encontrarían los vasos sagrados del culto enterrados allí por Moisés.

La generación de su tiempo pide a Jesús una señal. Él no es un profeta del signo. La señal es Él mismo, con toda su presencia y manifestación, con su anuncio, con sus curaciones y exorcismos, con su trato con el pueblo de la tierra, con su enseñanza que rebosa una sabiduría nueva. Ya cuando nació se anunció a los pastores que la señal del nacimiento del Salvador, Mesías y Señor era un niño envuelto en pañales y recostado en un pesebre (Lc 2,12): los signos de la salvación no deben ser extraños a ella ni incongruentes con ella, han de llevarla ya dentro de sí, han de saber a salvación, no a portento espectacular. Jonás fue una señal para Nínive; Jesús mismo, en toda su persona y ministerio, lo es para Israel; y así, en el llamado «libro de los signos» del cuarto evangelio, en cada signo deja Él trasparecer su verdad. El cristiano tiene que difundir el buen olor de Cristo a través de su propia vida. Ha de transpirarlo desde su misma corporeidad.

Oración: Nos ofreces, Salvador nuestro, los días de Cuaresma para entrar y proseguir un camino de conversión. Este es el tiempo de la salvación. Es un don inigualable. Haznos discernir qué quiere el Padre de nosotros, para, con su gracia, disponernos a realizarlo. No permitas que seamos una generación indiferente y satisfecha.

Acción: Reconoce hoy al Señor en los signos que te ofrece: su Palabra, sus sacramentos, tus hermanos, una persona sufriente. Ten un gesto en que expreses este reconocimiento.

Jueves I

Est 4,1.3-5.12-14 No tengo más defensor que tú.
Sal 137. Cuando te invoqué, me escuchaste, Señor.
Mt 7,7-12

MARZO **13**

En aquel tiempo dijo Jesús: "Pedid y Dios os dará, buscad y encontraréis, llamad a la puerta y se os abrirá. Porque el que pide recibe, el que busca encuentra y al que llama se le abre. ¿Acaso alguno de vosotros sería capaz de darle a su hijo una piedra cuando le pide pan? ¿O de darle una culebra cuando le pide un pescado? Pues si vosotros, que sois malos, sabéis dar cosas buenas a vuestros hijos, ¡cuánto más vuestro Padre que está en el cielo las dará a quienes se las pidan! Así pues, haced con los demás lo mismo que queréis que los demás hagan con vosotros. Esto es lo que mandan la ley de Moisés y los escritos de los profetas".

Lectura: Volvemos sobre la práctica cuaresmal de la oración. El libro de Ester narra un episodio nacional en que se cierne sobre el pueblo una amenaza de extinción; más aún, su suerte fatal ya está decidida. No queda otro recurso que la oración; a ella se aplica Ester tras un ayuno personal y colectivo. Jesús revela la plena disposición de nuestro Padre a atender a sus hijos.

Meditación: Jesús nos convoca a abrir el corazón y la boca para pedir y las manos para recibir; a movernos en la búsqueda del bien cuya ausencia acusamos, para poder hallarlo; a sentirnos fuera, hacer sonar la aldaba, oír que se descorre el cerrojo y ver franqueada la entrada. Pedir, buscar y llamar son ejercicios de una *esperanza activa*. Toda esperanza implica la carencia de un bien, la conciencia viva de ese vacío, el deseo de alcanzar el bien apetecido y la diligencia para llegar a poseerlo y disfrutarlo.

La esperanza *todavía no posee*, al igual que la pregunta todavía no sabe, la búsqueda todavía no ha encontrado, la súplica todavía no ha recibido, la siembra todavía no es recolección, el hambre todavía no es nutrición. Pero no es lo mismo esperanza que desesperanza, pregunta que pura ignorancia, búsqueda que dejación indolente, súplica que indiferencia y muerte del deseo, tierra sembrada que tierra en barbecho, hambre que inapetencia.

La esperanza *moviliza* hacia la adquisición de los bienes deseados. No propone suspender todo deseo para evitar cualquier apego y toda decepción; la cuestión es identificar los buenos objetos de deseo y tender hacia ellos, de modo que la posesión estimule una nueva apetición. Nuestra esperanza teologal tiene un *fundamento* firmísimo: brota del conocimiento de Dios como Padre nuestro y de la confianza en Él y en sus promesas; esa esperanza no defrauda (Rom 5,4). Pedimos, como tantos enfermos le pidieron a Jesús; buscamos, como el pastor buscó la oveja extraviada o la mujer la dracma perdida; llamamos, como el amigo a medianoche llama al amigo acostado. Nuestra oración será sencilla: pocas palabras y verdadero deseo; confiada: echa la petición en el buzón de Dios y le deja a Él el modo y momento de atenderla; perseverante, que es lo propio de una verdadera esperanza.

Oración: Pido tu misericordia, Señor, como el publicano que subió al templo a orar; no me niegues tu gracia. Buscaré tu rostro, Señor, como la cierva las corrientes de agua, como la amada al Amado; no me escondas tu rostro. Llamo a tu puerta, Señor, ábrela y acógeme, como acogías a los cansados y agobiados; no me la cierres.

Acción: Ora por los orantes. Representan a la Iglesia que glorifica a Dios e intercede por todos. Vive esa buena reciprocidad.

Viernes I

Ez 18,21-28 No volveré a acordarme de lo malo que hizo.
Sal 129. Si llevas cuenta de los delitos, Señor,
¿quién podrá resistir?
Mt 5,20-26

MARZO **14**

*E*n aquel tiempo dijo Jesús: "Os digo que si no superáis a los maestros de la ley y a los fariseos en hacer lo que es justo delante de Dios, no entraréis en el reino de los cielos. Habéis oído que a vuestros antepasados se les dijo: 'No mates, pues el que mata será condenado'. Pero yo os digo que todo el que se enoje con su hermano será condenado; el que insulte a su hermano será juzgado por la Junta Suprema, y el que injurie gravemente a su hermano se hará merecedor del fuego del infierno. Así que, si al llevar tu ofrenda al altar te acuerdas de que tu hermano tiene algo contra ti, deja tu ofrenda allí mismo delante del altar y ve primero a ponerte en paz con tu hermano. Entonces podrás volver al altar y presentar tu ofrenda. Si alguien quiere llevarte a juicio, procura ponerte de acuerdo con él mientras aún estés a tiempo, para que no te entregue al juez; porque si no, el juez te entregará a los guardias y te meterán en la cárcel. Te aseguro que no saldrás de allí hasta que pagues el último céntimo".

Lectura: La llamada a la conversión implica que la situación de culpa es reversible: es una buena noticia y una invitación a la esperanza; y la advertencia sobre la posibilidad de que el justo caiga es un antídoto contra la presunción y la autosuficiencia. El evangelio de hoy procede del primer gran discurso de Jesús en la obra de Mateo, el discurso del monte.

Meditación: El evangelio se centra en las relaciones fraternas. Se refiere a tres áreas: acciones, sentimientos y palabras. No podemos atentar contra Dios con acciones de orden físico (es invulnerable a nuestras armas y puños), pero sí con sentimientos hostiles y con palabras blasfemas o irreverentes, aunque sean impotentes para dañar en sí misma su realidad infinita; el hermano, en cambio, es vulnerable en los tres órdenes, no únicamente en el primero. Los sentimientos negativos inducen conductas negativas o inhiben conductas constructivas. Y las palabras pueden ser hirientes e incluso letales, y esto no solo en las culturas que creen en la eficacia inexorable de los conjuros y maldiciones de magos y hechiceros. La palabra interpersonal que nos dirigimos mutuamente lleva una triple carga: semántica, emocional y operativa; puede curar, puede llagar; puede confirmar y reforzar, puede abatir.

Con cierto sentido del humor y con conocimiento cierto del alma humana, se enumeran a veces las tres o las diez palabras más difíciles de pronunciar. Conocemos una versión de la última: *perdón*. Jesús nos insta a que aprendamos a decirla ante el hermano con verdadero sentimiento de dolor y confiados en la bondad y capacidad de perdón que posee. Si no lo hacemos, ¿con qué cara nos podemos presentar ante Dios, cuando el rostro del hermano herido es su epifanía?

Oración: Perdóname, Señor, los pecados de pensamiento, palabra, obra y omisión contra mis hermanos; educa mi corazón, para que sepa verlos con buenos ojos, echar a buena parte actos y palabras suyos, tener actitud benevolente y obrar con ánimo constructivo.

Acción: Como el amor entre hombre y mujer entra en una nueva fase cuando se lo declaran mutuamente, así la reconciliación con la persona ofendida pide un signo claro, verbal o no verbal, de petición de perdón; no basta la compunción interior. Si es tu situación, sigue la palabra de Jesús.

Sábado I

Dt 26,16-19 Cumplirás todos sus mandamientos.
Sal 118. Dichoso el que canta en la voluntad del Señor.
Mt 5,43-48

En aquel tiempo dijo Jesús: "También habéis oído que antes se dijo: 'Ama a tu prójimo y odia a tu enemigo'. Pero yo os digo: Amad a vuestros enemigos y orad por los que os persiguen. Así seréis hijos de vuestro Padre que está en el cielo, pues él hace que su sol salga sobre malos y buenos, y envía la lluvia sobre justos e injustos. Porque si amáis solamente a quienes os aman, ¿qué recompensa tendréis? ¡Hasta los que cobran impuestos para Roma se portan así! Y si saludáis solamente a vuestros hermanos, ¿qué hacéis de extraordinario? ¡Hasta los paganos se portan así! Vosotros, pues, sed perfectos, como vuestro Padre que está en el cielo es perfecto".

Lectura: Dios ha entablado un pacto con Israel. Es una alianza asimétrica, entre desiguales. En ella hay un compromiso mutuo: el pueblo pertenece al Señor, que lo separa para sí, le ofrece su amistad y le da esplendor; a su vez, ha de guardar la voluntad santa de Dios. Jesús comenta hoy otra de las llamadas antítesis del discurso del monte.

Meditación: La relación de un hijo de Dios con su Padre descansa en este trípode: la confianza, la obediencia y la imitación. El primer apoyo es la confianza, que abriga la certeza absoluta de que de Él solo te pueden venir «cosas buenas» (el Espíritu Santo) y de que te escucha siempre. Te invitan a confiar unos versos de Charles Péguy: «Hay que tener confianza en Dios, Él ha tenido confianza en nosotros... Hay que dar crédito a Dios, Él nos ha dado crédito a nosotros». Venciendo recelos y dudas, puedes decir con el profeta: «Confiaré y no temeré» (Is 12,2).

El segundo apoyo es la obediencia, por la que acoges su voluntad santa. Vas ante Él con la agenda cada día aguzando tu capacidad de escucha y pidiendo que señale lo que espera de ti: «Señor, aquí me tienes. ¿Qué quieres que haga?». Con el ejercicio del discernimiento y la actitud de disponibilidad intentarás vivir como hijo de su agrado.

El tercer apoyo es la imitación. Si dices con orgullo: «Soy hijo de Dios», te pueden preguntar: «¿En qué se nota?». Se puede notar en que amas al que te cae bien y al que no te cae bien, al que te ha hecho un favor y al que te ha hecho una faena; se puede notar en que perdonas de corazón. Tu Padre es tu modelo. Estás llamado a ser, a escala humana, su vivo retrato, yendo más allá de la pura reciprocidad en tus relaciones con los otros. *Nobleza obliga.*

Oración: «Dame, Señor, lo que me mandas; mándame lo que quieres» (san Agustín). Nos has dado el mandamiento de amar a los que no nos aman; pero también has derramado en nuestros corazones, por tu Espíritu Santo, el dinamismo del amor. Danos luz, para que acertemos a plasmar, en acciones y en palabras, lo que está en consonancia con el verdadero buen amor.

Acción: «Cultivo una rosa blanca / en junio como en enero / para el amigo sincero / que me da su mano franca. // Y para el cruel que me arranca el corazón con que vivo, / cardo ni ortiga cultivo; / cultivo una rosa blanca» (José Martí, *Versos sencillos*).

Domingo II

Gn 15,5-12.17-18 *El Señor hizo un pacto con Abraham.*
Sal 26. *El Señor es mi luz y mi salvación.*
Flp 3,17—4,1 *Seguid así, firmes en el Señor.*
Lc 9,28b-36

MARZO **16**

*E*n aquel tiempo Jesús subió a un monte a orar, acompañado de Pedro, Santiago y Juan. Mientras oraba, cambió el aspecto de su rostro y sus ropas se volvieron muy blancas y brillantes. Y aparecieron dos hombres conversando con él: eran Moisés y Elías, que estaban rodeados de un resplandor glorioso y hablaban de la partida de Jesús de este mundo, que iba a tener lugar en Jerusalén. Aunque Pedro y sus compañeros tenían mucho sueño, permanecieron despiertos y vieron la gloria de Jesús y a los dos hombres que estaban con él. Cuando aquellos hombres se separaban ya de Jesús, Pedro le dijo: "Maestro, ¡qué bien que estemos aquí! Vamos a hacer tres chozas: una para ti, otra para Moisés y otra para Elías". Pero Pedro no sabía lo que decía. Mientras hablaba, una nube los envolvió en sombra; y al verse dentro de la nube, tuvieron miedo. Entonces de la nube salió una voz que dijo: "Éste es mi Hijo, mi elegido. Escuchadle". Después que calló la voz, vieron que Jesús estaba solo. Ellos guardaron esto en secreto, y por entonces no contaron a nadie lo que habían visto.

Lectura: La fe es asentimiento y acogida de la Palabra; pero no faltan las preguntas y el deseo de unas señales, como es el caso de Abrahán. En la transfiguración de Jesús Moisés y Elías conversan sobre su muerte y el Padre lo declara su Hijo. La esperanza del cristiano apunta a la transformación de nuestra condición humilde por el Señor glorioso.

Meditación: El evangelio de Juan presentará, en las semanas cuarta y quinta de Cuaresma, disputas jurídicas entre Jesús y sus adversarios. Él enumera los testigos que deponen a su favor. El relato lucano de hoy propone un esbozo de esos testimonios, fuera de todo contexto jurídico y de toda controversia. El testimonio decisivo sobre Jesús es el del Padre. Lo declara su Hijo, el escogido; y nos remite a su Palabra. De nuestro camino cuaresmal forma parte la escucha de la Palabra. Ese solo vocablo, «escucha», lo compendia todo: no es un mero oír, es ser todo oídos, prestando plena atención; es acoger, dando hospitalidad a la Palabra; es meditar, dándole vueltas en un trato asiduo con ella; es obedecer, cumpliendo la llamada que lleva dentro de modo implícito o explícito. Así se vive toda una dinámica de acogida de la Palabra. Y así reproducimos, a nuestra escala, la escucha y la obediencia del Hijo, dos disposiciones y conductas suyas que subraya el cuarto evangelio, de suerte que vamos cobrando su forma. Este proceso de configuración nos prepara para la gracia por la que Él, el Señor de la gloria, transformará nuestra condición humilde en una condición gloriosa como la suya: su rostro, desfigurado en la pasión, fue transfigurado definitivamente en la resurrección.

Oración: ¿Qué quiero, mi Jesús?… Quiero quererte, / quiero cuanto hay en mí del todo darte / sin tener más placer que el agradarte, / sin tener más temor que el ofenderte… / Quiero, amable Jesús, abismarme / en ese dulce hueco de tu herida, / y en sus divinas llamas abrasarme. / Quiero, por fin, en Ti transfigurarme, / morir a mí, para vivir tu vida, / perderme en Ti, Jesús, y no encontrarme (Calderón de la Barca).

Acción: Contempla el rostro de Cristo en un icono. Puedes orar ante él con los versos de Gerardo Diego a la transfiguración del Señor.

Lunes II

Dn 9,4b-10 De ti es propio ser compasivo y perdonar.
Sal 78. Señor, no nos trates como merecen nuestros pecados.
Lc 6,36-38

MARZO **17**

En aquel tiempo dijo Jesús: "Sed compasivos, como también vuestro Padre es compasivo. No juzguéis a nadie y Dios no os juzgará a vosotros. No condenéis a nadie y Dios no os condenará. Perdonad y Dios os perdonará. Dad a otros y Dios os dará a vosotros: llenará vuestra bolsa con una medida buena, apretada, sacudida y repleta. Dios os medirá con la misma medida con que vosotros midáis a los demás".

Lectura: La liturgia cuaresmal alimenta y aviva nuestro sentimiento penitencial. Hoy se sirve de la confesión que la comunidad de Israel hace, por labios del vidente Daniel, de su infidelidad a la alianza. El evangelio de Lucas, en el discurso o sermón del llano, propone otra versión del mensaje sobre la imitación del Padre.

Meditación: El tercer evangelio enuncia con vocabulario propio la llamada a imitar al Padre: «Sed compasivos como vuestro Padre es compasivo». Reparemos en que los personajes o grupos de la escena son tres: el Padre, nosotros, *los otros*; y la cuestión es el trato que damos a estos últimos. En el segundo cuadro de la escena continúa el mismo reparto, pero hay un cambio de papeles: ahora es el Padre quien imita a los hijos, que nos convertimos en modelos de lo que Él hará con nosotros.

Jesús propone dos ejercicios de la compasión: el perdón y el don. El perdón: si el otro se porta mal contigo (te daña, te ofende, te ignora), perdónalo; evita la reacción mimética y adopta la reacción paradójica, desconcertante, original, creativa y creadora, acorde con la lógica de Dios. La reacción mimética es dependiente, «pasiva», pura copia, según la lógica del acto reflejo que no pasa por una mente nueva ni por un corazón nuevo. Imita a tu Padre, no a tu ofensor.

El otro ejercicio es el don. Ya el primer día de Cuaresma indicaba Jesús el modo: como a hurtadillas; ahora indica la medida: amplia, generosa. Recordemos la historia del pordiosero. Mendigaba unos granos de trigo. Al extremo de la calle apareció la carroza del Rey de reyes. Este bajó sonriente, le tendió la mano y dijo una palabra desconcertante: «¿Puedes darme algo?». El mendigo, todo confuso, tomó un grano de trigo del saco de las limosnas y se lo entregó. Al vaciar por la tarde el saco, encontró un grano de oro en el montón. Él había fijado la proporción. Dios es buen pagador: a jornal de gloria no hay trabajo grande.

Israel sabía que el propietario de la tierra que habitaba era el Señor. Acoger esta forma de pensar induce a pasar de la conciencia de propietario a la de administrador y a promover una buena «economía del don».

Oración: Gracias, Jesús, por señalarme ese estilo de conducta. Si lo sigo, me pareceré más a tu Padre, a mi Padre, y evitaré que Él tenga que imitarme, a pesar suyo, en una obra que le es impropia. Tú lo imitaste en la compasión, el perdón, la esplendidez, la donación total. Que no me domine la sed de revancha ni me venzan el egocentrismo, los miedos a perder al dar, mis apegos, la mezquindad. Dilata mi capacidad de dar y perdonar.

Acción: Realiza hoy un donativo según te dicte el corazón.

Martes II

Is 1,10.16-20 Esforzaos en hacer lo que es justo.
Sal 49. Al que sigue buen camino le haré ver la salvación de Dios.
Mt 23,1-12

MARZO **18**

*E*n aquel tiempo Jesús habló a la gente y a sus discípulos, diciendo: "Los maestros de la ley y los fariseos son los encargados de interpretar la ley de Moisés. Por lo tanto, obedecedlos y haced todo lo que os digan. Pero no sigáis su ejemplo, porque dicen una cosa y hacen otra. Atan cargas pesadas, imposibles de soportar, y las echan sobre los hombros de los demás, mientras que ellos mismos no quieren tocarlas ni siquiera con un dedo. Todo lo hacen para que la gente los vea. Les gusta llevar sobre la frente y en los brazos cajitas con textos de las Escrituras, y vestir ropas con grandes borlas. Desean los mejores puestos en los banquetes, los asientos de honor en las sinagogas, ser saludados con todo respeto en la calle y que la gente los llame maestros. Pero vosotros no os hagáis llamar maestros por la gente, porque todos sois hermanos y uno solo es vuestro Maestro. Y no llaméis padre a nadie en la tierra, porque uno solo es vuestro Padre: el que está en el cielo. Ni os hagáis llamar jefes, porque vuestro único Jefe es Cristo. El más grande entre vosotros debe servir a los demás. Porque el que a sí mismo se engrandece, será humillado; y el que se humilla, será engrandecido".*

Lectura: El profeta dirige una dura increpación al pueblo y lo apremia a purificarse, a buscar la justicia y a preocuparse de los grupos sociales postergados y especialmente vulnerables. Jesús nos instruye sobre las relaciones internas en la comunidad eclesial.

Meditación: Es común hacer divisiones binarias: ricos-pobres, amos-criados, jefes-subordinados, gobernantes-súbditos, nobles-plebeyos, mandos-tropa, élite-masas, elegidos-descartados, etc. Y la imaginación crea fácilmente una topografía simbólica con estratificaciones sociales: los de arriba-los de abajo, los de alto rango-los de baja condición.

En el mundo judío del tiempo de Jesús había distintos grupos y movimientos. Entre ellos, los escribas y fariseos, que han aparecido ya esta Cuaresma (cf. Mt 5,20). Según la descripción del evangelista, se consideran la élite de la sociedad judía y reclaman los honores que corresponden a su condición de minoría selecta y de aristocracia del espíritu. Jesús propone no reproducir en su comunidad esas divisiones discriminatorias. También en ella habrá escribas, pero estos son «escribas que se han hecho *discípulos* del reino» (Mt 13,52); algunos días se sientan en la cátedra, cada día se sientan, eternos aprendices, a los pies del Maestro.

San Agustín refleja esa identidad dual: «Cuando me atemoriza lo que soy para vosotros, me llena de consuelo lo que soy con vosotros. Porque para vosotros soy el obispo, con vosotros soy un cristiano; aquel es el nombre de mi oficio, este es el nombre de la gracia; aquel es mi responsabilidad, este es mi salvación» (*Discurso* 340, 1).

Oración: Jesús, tú eres nuestro único Maestro, nuestra Cabeza, nuestro Señor. Tú te abajaste hasta el extremo para auparnos a nosotros. Que tu Espíritu preserve nuestra condición de discípulos, de miembros solidarios de tu Cuerpo, de creyentes entregados a tu señorío. En la variedad de ministerios y tareas que se nos han confiado en la Iglesia, preserva en nosotros el sentido de la hermandad y del servicio.

Acción: Ora por quienes en la Iglesia tienen el ministerio de maestros e intérpretes de la Escritura, para que la escuchen con devoción y la proclamen y transmitan con fidelidad.

San José

2Sa 7,4-5a.12-14a.16 Tu trono quedará establecido.
Sal 88. Su linaje será perpetuo.
Rm 4,13.16-18.22 Padre de muchas naciones.
Mt 1,16.18-21.24a

MARZO **19**

Jacob fue padre de José, el marido de María, y ella fue la madre de Jesús, a quien llamamos el Mesías. El nacimiento de Jesucristo fue así: María, su madre, estaba comprometida para casarse con José; pero antes de vivir juntos se encontró encinta por el poder del Espíritu Santo. José, su esposo, que era un hombre justo y no quería denunciar públicamente a María, decidió separarse de ella en secreto. Ya había pensado hacerlo así, cuando un ángel del Señor se le apareció en sueños y le dijo: "José, descendiente de David, no tengas miedo de tomar a María por esposa, porque el hijo que espera es obra del Espíritu Santo. María tendrá un hijo y tú le pondrás por nombre Jesús. Se llamará así porque salvará a su pueblo de sus pecados". Cuando José despertó, hizo lo que el ángel del Señor le había ordenado.

Lectura: Por medio de José, un hombre de la casa de David, Jesús entronca con el linaje davídico y, retrocediendo en el árbol genealógico, es progenie de Abraham. José no solo pertenece a la descendencia del patriarca biológicamente; es también, como su antepasado, un modelo de fe.

Meditación: San José ha recibido distintos títulos, más o menos acertados: padre legal, padre oficial, padre nutricio, padre custodio, padre ministerial, padre vicario, vicepadre de Dios, padre virginal, padre espiritual, ayo de Jesús… En esta solemnidad, la liturgia lo propone como esposo de la bienaventurada Virgen María y como hombre justo y creyente.

El texto evangélico, que narra la vocación de José, se presta a varias interpretaciones. Nos detenemos en la que entiende que José está bien enterado de que su esposa ha concebido por obra del Espíritu Santo. Sin duda, María estaba reservada (consagrada) para él desde los esponsales; pero si Dios, por la acción del Espíritu, la consagra para sí, él debe retirarse con suma reverencia al misterio cumplido en María y con toda la discreción del caso. Con las luces de que dispone, es la decisión que le dicta su corazón creyente, pronto a cumplir lo que considera voluntad divina para él. Será tras esa decisión cuando se revele a este descendiente de David su vocación de padre de Jesús y cuando entre de lleno en las intenciones y los caminos de Dios. Creer es, justamente, entrar en las intenciones divinas, ponerse a disposición de Dios, esperando a ver en qué lo «usa» a uno. Cuando José renuncia es cuando Dios confía la madre del Enmanuel a su amor, compañía y cuidado de esposo.

José *recibe* a María, su prometida, contrayendo matrimonio con ella. No es su «propietario»: ella pertenece a Dios, su solo Dueño; y él la debe recibir como un bien único y sumamente preciado y querido: «Toda la diferencia que existe en el mundo no es más que la diferencia entre ser bien recibido o mal recibido» (R. Laing).

Oración: Gracias, Señor, por José, el esposo de María, a cuya solicitud y cuidados confiaste tu Hijo. Nos lo propones como modelo de amor reverente a ti y a tu voluntad, de disponibilidad para la misión que, según tus designios, le tenías reservada, porque también a él lo consagraste para ti.

Acción: Felicita a algunos padres de familia de los que te sientas cercano y pide para que sepan tomar las opciones oportunas en las encrucijadas en que puedan encontrarse. Ora hoy también por los seminaristas.

Jueves II

Jr 17,5-10 Bendito el que pone en mí su esperanza.
Sal 1. Dichoso el hombre que ha puesto su confianza en el Señor.
Lc 16,19-31

MARZO **20**

*E*n aquel tiempo dijo Jesús: "Había una vez un hombre rico, que vestía ropas espléndidas y todos los días celebraba brillantes fiestas. Había también un mendigo llamado Lázaro, el cual, lleno de llagas, se sentaba en el suelo a la puerta del rico. Este mendigo deseaba llenar su estómago de lo que caía de la mesa del rico; y los perros se acercaban a lamerle las llagas. Un día murió el mendigo, y los ángeles lo llevaron junto a Abraham, al paraíso. Y el rico también murió, y lo enterraron. El rico, padeciendo en el lugar al que van los muertos, levantó los ojos y vio de lejos a Abraham, y a Lázaro con él. Entonces gritó: '¡Padre Abraham, ten compasión de mí! Envía a Lázaro, a que moje la punta de su dedo en agua y venga a refrescar mi lengua, porque estoy sufriendo mucho entre estas llamas'. Pero Abraham le contestó: 'Hijo, recuerda que a ti te fue muy bien en la vida y que a Lázaro le fue muy mal. Ahora él recibe consuelo aquí, y tú en cambio estás sufriendo. Pero además hay un gran abismo abierto entre nosotros y vosotros; de modo que los que quieren pasar de aquí ahí, no pueden, ni los de ahí tampoco pueden pasar aquí'. El rico dijo: 'Te suplico entonces, padre Abraham, que envíes a Lázaro a casa de mi padre, donde tengo cinco hermanos. Que les hable, para que no vengan también ellos a este lugar de tormento'. Abraham respondió: 'Ellos ya tienen lo que escribieron Moisés y los profetas: ¡que les hagan caso!'. El rico contestó: 'No se lo harán, padre Abraham. En cambio, sí que se convertirán si se les aparece alguno de los que ya han muerto'. Pero Abraham le dijo: 'Si no quieren hacer caso a Moisés y a los profetas, tampoco creerán aunque algún muerto resucite'".

Lectura: Importa tener claridad sobre la realidad en que ponemos la confianza y el resultado que deriva de la decisión adoptada. Jesús, en su parábola, muestra la desventura de un rico insensato.

Meditación: La parábola dibuja una conducta que cabe tipificar así: ignorar al otro necesitado, convertirlo en una sombra, un ser fantasmal, «una nada opaca». Nos detenemos en una frase del diálogo del rico con Abraham: «*Si* se les aparece un muerto, se convertirán». Ahí está el peligro: en esa partícula condicional y en los verbos que quizá brotan en mi imaginación desencantada: «*si* yo hubiera nacido en otro tiempo, y no en esta época canalla y descreída…»; «*si* hubiera vivido en otra comunidad, y no en esta mediocre…»; «*si* hubiera tenido una arrebatadora experiencia mística, una sensación de calor envolvente junto con un mensaje íntimo que me dice con suavidad y fuerza que soy aceptado y amado, y no solo la lejana, oscura y a veces demasiado restallante palabra de la Escritura…»; «*si* tuviera otro temperamento y cualidades, y no los que tengo...», ¡ah, sí, cuán diferente sería mi vida!

El caso es desviar hacia otros o hacia la circunstancia mi responsabilidad. Esa propensión no me ayuda. Me toca hacer y dejar al Espíritu hacer el cestillo con las mimbres que soy y tengo, plasmar y dejar que el Espíritu plasme la imagen de Cristo en mí con este barro mío.

Oración: Me llamas, Señor, a hacer caso de la palabra de la Escritura, de tu Palabra, para que mi vida no se malogre; que no tema confrontarme con ellas. Dame un corazón noble y generoso que las retiene y da fruto con perseverancia.

Acción: Pregúntate si te dejas llevar más de la cuenta de quejas, ensoñaciones y falacias, en vez de aceptar tu realidad y tu mundo vital, acogerte a la gracia y actuar a partir de ahí.

Viernes II

Gn 37,3-4.12-13a.17b-28 Hicieron planes para matarlo.
Sal 104. Recordad las maravillas que hizo el Señor.
Mt 21,33-43.45-46

*E*n aquel tiempo dijo Jesús: "Escuchad otra parábola: El dueño de una finca plantó una viña, le puso una cerca, construyó un lagar y levantó una torre para vigilarla. Luego la arrendó a unos labradores y se fue de viaje. Llegado el tiempo de la vendimia, mandó unos criados a recibir de los labradores la parte de la cosecha que le correspondía. Pero los labradores echaron mano a los criados: golpearon a uno, mataron a otro y a otro lo apedrearon. El dueño envió otros criados, en mayor número que al principio; pero los labradores los trataron a todos del mismo modo. Por último mandó a su propio hijo, pensando: 'Sin duda, respetarán a mi hijo'. Pero cuando vieron al hijo, los labradores se dijeron unos a otros: 'Éste es el heredero; matémoslo y nos quedaremos con la viña'. Así que le echaron mano, lo sacaron de la viña y lo mataron. Pues bien, cuando vuelva el dueño de la viña, ¿qué creéis que hará con aquellos labradores?". Le contestaron: "Matará sin compasión a esos malvados y dará la viña a otros labradores que le entreguen a su debido tiempo la parte de la cosecha que le corresponde". Jesús les dijo: "¿Nunca habéis leído lo que dicen las Escrituras?: 'La piedra que despreciaron los constructores es ahora la piedra principal. Esto lo ha hecho el Señor y nosotros estamos maravillados'. Por eso os digo que a vosotros se os quitará el reino, y se le dará a un pueblo que produzca los frutos debidos. Los jefes de los sacerdotes y los fariseos, al oír las parábolas que contaba Jesús, comprendieron que se refería a ellos. Quisieron entonces apresarle, pero no se atrevían, porque la gente tenía a Jesús por profeta.

Lectura: Los hermanos de José deciden matarlo. Dios tiene otros planes; ellos, sin quererlo, los propician. Hermanos de raza decidirán acabar con Jesús y entregarlo a Pilato; un discípulo lo venderá. La parábola expresa el rechazo sin fisuras por autoridades y pueblo.

Meditación: En *El malentendido*, de Albert Camus, una madre y su hija asesinan a huéspedes que se alojan sucesivamente en su pensión. Luego se hacen con su cartera y se deshacen de los cadáveres. Un día se hospeda el hijo y hermano, que ha vivido largos años en el extranjero y, al regresar, espera ser reconocido. Su expectativa no se cumple y también a él le dan muerte; al buscar la documentación, descubren «el malentendido». No rompen a gemir desconsoladas. La madre sentencia: «La costumbre comienza con el segundo crimen. Con el primero no comienza nada; termina algo»; digámoslo más lacónicamente: «El primer asesinato es un crimen; el segundo, una costumbre».

Una sima llama a otra sima. Hay una dinámica de crecimiento en el camino del bien; también la hay en el camino del mal, y las cosas llegan al extremo. No hace falta mencionar historias de personas o de regímenes. El alma se encallece y las conductas depravadas se vuelven rutina. Llevado a la vida diaria: hoy amo y sirvo menos que ayer y más que mañana. Líderes de Israel acordaron dar muerte a Jesús. Pero la piedra que desecharon los arquitectos es ahora la piedra angular: es el Hijo. Su Padre tenía otros planes; los cumple, paradójicamente, a través de los planes homicidas de aquellos.

Oración: Despiértame, Señor, para que no se me encallezca el alma a fuerza de indiferencia y desidia. Y aprémiame para vivir un camino de creciente conversión.

Acción: Identifica procesos culturales de creciente pérdida de valores. Pregúntate: ¿qué puedo hacer?

Sábado II

Miq 7,14-15.18-20 No hay otro Dios como tú.
Sal 102. El Señor es compasivo y misericordioso.
Lc 15,1-3.11-32

MARZO **22**

*T*odos los que cobraban impuestos para Roma, y otras gentes de mala fama, se acercaban a escuchar a Jesús. (...) Entonces Jesús les contó esta parábola: "Un hombre tenía dos hijos. El más joven le dijo: 'Padre, dame la parte de la herencia que me corresponde'. Y el padre repartió los bienes entre ellos. Pocos días después, el hijo menor vendió su parte y se marchó lejos, a otro país, donde todo lo derrochó (...). Cuando ya no le quedaba nada, vino sobre aquella tierra una época de hambre terrible y él comenzó a pasar necesidad. (...). Al fin se puso a pensar: ¿Cuántos trabajadores en la casa de mi padre tienen comida de sobra, mientras que aquí yo me muero de hambre! Volveré a la casa de mi padre y le diré: Padre, he pecado contra Dios y contra ti, y ya no merezco llamarme tu hijo: trátame como a uno de tus trabajadores'. Así que se puso en camino (...). Todavía estaba lejos, cuando su padre le vio; y sintiendo compasión de él corrió a su encuentro y le recibió con abrazos y besos. (...) Pero el padre ordenó a sus criados: 'Sacad en seguida las mejores ropas y vestidlo; ponedle también un anillo en el dedo y sandalias en los pies. Traed el becerro cebado y matadlo. ¡Vamos a comer y a hacer fiesta, porque este hijo mío estaba muerto y ha vuelto a vivir (...)!'. Y comenzaron, pues, a hacer fiesta. (...) Tanto irritó esto al hermano mayor, que no quería entrar; así que su padre tuvo que salir a rogarle que lo hiciese. Él respondió a su padre: 'Tú sabes cuántos años te he servido, (...) y jamás me has dado ni siquiera un cabrito para hacer fiesta con mis amigos (...)'. El padre le contestó: '(...) ahora debemos hacer fiesta y alegrarnos (...)'".

Lectura: En Oseas resuena una oración que se acoge a la compasión y fidelidad del Dios pastor de su pueblo. Jesús defiende su trato acogedor con los pecadores narrando la parábola del hijo pródigo.

Meditación: «¡Cómo lo echo de menos!»: es lo que confesamos cuando se ausenta alguien querido. Acusamos su ausencia, notamos un vacío, que ocupa la tristeza. Y el recuerdo vuelve una y otra vez. Nos pasa algo semejante, guardadas las debidas proporciones, si se nos extravía un objeto valioso. Ese era el estado de ánimo del padre, que extrañaba al hijo ausente. No era el caso del hijo. Mientras tuvo reservas y se dio la buena vida, su corazón estaba atrapado por el disfrute del presente; ni sentía añoranza ni activaba el recuerdo; tampoco lo inquietaba el futuro. La carestía lo hará recapacitar y echar de menos las ventajas del hogar. Es un primer paso. Dará otro decisivo (en realidad, un viraje) al percatarse del sufrimiento causado al padre: la preocupación egocéntrica da paso a la conciencia de culpa. Es ahora cuando entra de lleno en sí y en su verdad más honda y olvidada. Y decide volver al hogar y acogerse al padre, confesando su culpa. El padre le dispensa un recibimiento por todo lo grande.

El hermano mayor no lo echaba de menos y arroja su resentimiento contra el padre: tal acogida es una discriminación flagrante. Se niega a entrar. ¿Recapacitará tras el intento paterno de persuadirlo?

Oración: Me pones delante, Señor, el espejo de esta parábola, que me lleva a preguntarme qué parecido tengo con el hermano menor (el alejado y calavera), con el padre (nostálgico y acogedor), con el hermano mayor (cumplidor y resentido).

Acción: Examen: ¿A quién echo de menos? ¿Por qué? ¿Cómo acojo a los otros?

Domingo III

Ex 3,1-8a.13-15 El Señor me ha enviado a vosotros.
Sal 102. El Señor es compasivo y misericordioso.
1Co 10,1-6.10-12 Tened cuidado de no caer.
Lc 13,1-9

MARZO **23**

*P*or aquel tiempo fueron unos a ver a Jesús, y le contaron lo que Pilato había hecho: sus soldados mataron a unos galileos cuando estaban ofreciendo sacrificios, y la sangre de esos galileos se mezcló con la sangre de los animales que sacrificaban. Jesús les dijo: "¿Pensáis que aquellos galileos murieron así por ser más pecadores que los demás galileos? Os digo que no, y que si vosotros no os volvéis a Dios, también moriréis. ¿O creéis que aquellos dieciocho que murieron cuando la torre de Siloé les cayó encima, eran más culpables que los demás que vivían en Jerusalén? Os digo que no, y que si vosotros no os volvéis a Dios, también moriréis". Jesús les contó esta parábola: "Un hombre había plantado una higuera en su viña, pero cuando fue a ver si tenía higos no encontró ninguno. Así que dijo al hombre que cuidaba la viña: 'Mira, hace tres años que vengo a esta higuera en busca de fruto, pero nunca lo encuentro. Córtala. ¿Para qué ha de ocupar terreno inútilmente?' Pero el que cuidaba la viña le contestó: 'Señor, déjala todavía este año. Cavaré la tierra a su alrededor y le echaré abono. Con eso, tal vez dé fruto; y si no, ya la cortarás'".

Lectura: Este domingo damos un salto de Abrahán a Moisés. Dios sigue tomando la iniciativa: en su encuentro con Moisés le revela su identidad misteriosa y su propósito de liberar al pueblo. Pablo evoca la infidelidad del pueblo liberado, para que aprendamos en cabeza ajena, en cabeza fraterna. Jesús insta de nuevo a la conversión y apremia a no desperdiciar el plazo de gracia que se nos ofrece.

Meditación: «Algo gordo habrá(n) hecho», «Justo castigo de Dios»: frases hechas que atribuirían a una decisión del cielo la súbita desgracia de una persona o una colectividad. Jesús frena en seco esas explicaciones y hace un redoblado llamamiento universal a la conversión. Sale al paso de la falsa creencia de que, como a uno no le ha caído encima ningún infortunio, tiene sus papeles en regla.

A aquellas víctimas les sobrevino la muerte de improviso, tanto da que se debiera a la actuación violenta de Pilato o a un desafortunado accidente. Se nos da un plazo, que no es ilimitado ni lo fijamos nosotros; se nos da para que acojamos la visitación de Dios, pongamos los mejores cuidados en el cultivo de nuestra parcela personal y comunitaria y demos fruto de conversión. Rabí Eliezer enseñó que hay que convertirse la víspera de la muerte; sus discípulos añadieron: podemos morir cualquier día, así que hay que convertirse toda la vida. Cuanto más se postergan las cosas más pereza da emprenderlas. Se suele decir que, cuando llegamos a cierta edad, los días o años que vengan son una prórroga o propina. En realidad, todo día es un regalo precioso, pero a la vez delicado. Que, en lo que de nosotros depende, no se malogre. Aprendamos de la higuera y del sarmiento que dan fruto a su tiempo. Démoslo hoy, démoslo en esta Cuaresma.

Oración: Otra vez –te conozco– me has llamado. / Y no es la hora, no; pero me avisas. / De nuevo traen tus celestiales brisas / claros mensajes al acantilado / del corazón, que, sordo a tu cuidado, / fortalezas de tierra eleva, en prisas / de la sangre se mueve, en indecisas / torres, arenas, se recrea, alzado. Y tú llamas y llamas, y me hieres… (José García Nieto).

Acción: Dedica un tiempo a interceder por las personas con las que tienes vínculos especiales.

Lunes III

2Re 5,1-15a Hay un profeta en Israel.
Sal 41. Mi alma tiene sed del Dios vivo: ¿cuándo veré
el rostro de Dios?
Lc 4,24-30

MARZO **24**

En aquel tiempo Jesús dijo: "Os aseguro que ningún profeta es bien recibido en su propia tierra. Verdaderamente había muchas viudas en Israel en tiempos del profeta Elías, cuando no llovió durante tres años y medio y hubo mucha hambre en todo el país. Sin embargo, Elías no fue enviado a ninguna de las viudas israelitas, sino a una de Sarepta, cerca de la ciudad de Sidón. También había en Israel muchos enfermos de lepra en tiempos del profeta Eliseo, pero ninguno de ellos fue sanado, sino Naamán, que era de Siria". Al oír esto, todos los que estaban en la sinagoga se llenaron de ira. Se levantaron y echaron del pueblo a Jesús. Lo llevaron a lo alto del monte sobre el que se alzaba el pueblo, para arrojarle abajo. Pero Jesús pasó por en medio de ellos y se fue.

Lectura: Jesús había anunciado en su pueblo el comienzo del año jubilar, *el año de acogida* o gracia del Señor. Los asistentes *habían acogido* bien estas primeras palabras. Él supone que, acto seguido, esperarán que obre en Nazaret lo que, impulsado por el Espíritu, ha hecho en Cafarnaún; deja caer sobre ellos, como un jarro de agua fría, el proverbio sobre la *no acogida* del profeta por sus compatriotas y evoca la actuación de Elías y Eliseo a favor de dos extranjeros sirios. La primera lectura narra el episodio de Naamán mencionado por Jesús.

Meditación: Algún exégeta piensa que este episodio empalma dos visitas de Jesús a su pueblo: en una despierta admiración; en la otra, animosidad y rechazo. Como quiera que sea, el pasaje de hoy narra la reacción hostil de la gente. Partiendo de la letra del texto, puede que lo irritante no fuera sin más recordar historias del favor divino otorgado a extranjeros: Dios, en su esplendidez, puede dejar caer migajas de la mesa de los hijos para consumo de extraños; lo que crispa es el amargo contraste entre el cuidado a favor de alguien de fuera y *el descuido y total falta de atención a los muchos necesitados de casa*. Es una discriminación hiriente. (Se trataría de un añadido lucano).

El episodio es programático; esboza el rechazo de que será objeto Jesús. No fue bien recibido por Israel en su conjunto, conoció la incomprensión, el acoso de grupos influyentes, la muerte en cruz. Su gesto señorial de abrirse paso franco por en medio preanuncia su victoria: su resurrección y el glorioso avance del Evangelio entre pruebas. En un tiempo de exculturación de la religión este es, sin duda, para amplios sectores sociales, una herencia agotada, aunque desconocida (son poscristianos por evangelizar); en otras geografías y culturas lo reciben con gran alegría.

Ser de casa no significa contar con derechos especiales que jamás prescriben. «Al que mucho se le dio, mucho se le reclamará; al que mucho se le confió, más aún se le pedirá» (Lc 12,48). Nobleza obliga.

Oración: Jesús, viniste a los tuyos y muchos no te recibieron. Ahora nos dices: «Mira que estoy a la puerta y llamo; si alguno me abre, entraré y cenaremos juntos». Queremos hospedarte a ti, el Hospitalario, quédate con nosotros, porque atardece en Occidente.

Acción: Puedes reafirmar tu propósito de fidelidad al Señor. Pide fortaleza pascual para los cristianos que experimentan rechazo social.

Anunciación del Señor

Is 7,10-14; 8,10 Dios está con nosotros.
Sal 39. Aquí estoy, Señor, para hacer tu voluntad.
Hb 10,4-10 Aquí vengo para hacer tu voluntad.
Lc 1,26-38

MARZO **25**

En aquel tiempo envió Dios al ángel Gabriel a (...) Nazaret, a visitar a una joven virgen llamada María que estaba comprometida para casarse con un hombre llamado José, descendiente del rey David. El ángel entró donde ella estaba, y le dijo: "¡Te saludo, favorecida de Dios! El Señor está contigo". Cuando vio al ángel, se sorprendió de sus palabras, y se preguntaba qué significaría aquel saludo. El ángel le dijo: "María, no tengas miedo, pues tú gozas del favor de Dios. Ahora vas a quedar encinta: tendrás un hijo y le pondrás por nombre Jesús. Será un gran hombre, al que llamarán Hijo del Señor altísimo: y Dios lo Señor lo hará rey, como a su antepasado David, y reinará por siempre en la nación de Israel. Su reinado no tendrá fin". María preguntó al ángel: "¿Cómo podrá suceder esto, si no vivo con ningún hombre?". El ángel le contestó: "El Espíritu Santo se posará sobre ti y el poder del Dios altísimo se posará sobre ti como una nube. Por eso, el niño que va a nacer será llamado Santo e Hijo de Dios. También tu parienta Isabel, a pesar de ser anciana, va a tener un hijo; la que decían que no podía tener hijos está encinta desde hace seis meses. Para Dios no hay nada imposible". Entonces María dijo: "Soy la esclava del Señor. ¡Que Dios haga conmigo como me has dicho!". Con esto, el ángel se fue.

Lectura: Celebramos la Anunciación del Señor. Está bien hacerlo en Cuaresma, pues nos recuerda el Triduo Santo a que esta se endereza. El evangelio de hoy sabe a Pascua: el hijo de María será grande, heredará el trono de David, su reino no tendrá fin, se llamará Hijo de Dios; además, el título de la fiesta («Anunciación del *Señor*») evoca la confesión pascual «Jesús es Señor». El texto de Hebreos apunta a la ofrenda sacrificial de Cristo.

Meditación: El evangelio combina dos formas literarias (anuncio de nacimiento y relato vocacional) que se ensamblan: la vocación de María lo es a la maternidad mesiánica. El anuncio se inscribe entre el saludo de Gabriel y la respuesta de María. Primero, el saludo. Por ahí se empieza, hay que poner el principio y fundamento; mejor dicho, hay que dejar que nos lo pongan: es el amor y compañía entrañables de Dios. Él nos amó primero, es origen de toda paternidad y maternidad, da un cuerpo a su Hijo para que pueda ofrecerlo, ha dado vida e identidad femenina de cuerpo y espíritu a la israelita María. Viene a su encuentro en la periferia del imperio y en la plenitud de los tiempos. Tras el saludo, el anuncio con la misión que entraña. Ahora, sí; contando con ese amor y compañía y despejado el temor por un refrendo del saludo, llega el momento de transmitir la vocación a la maternidad. María responde con un sí rendido y jovial apoyado en el amor de Dios y en el sí misterioso de Cristo que se encarna en su seno. A la plena disponibilidad del Hijo del Altísimo corresponde la plena disponibilidad de la desposada con José. El Espíritu creador, Espíritu de comunión, realiza el enlace armónico de estos consentimientos a la voluntad salvífica de Dios.

Oración: Señor, tu cuerpo llevaba hondamente impreso el signo de la oblatividad. Lo entregaste por tu Esposa, para purificarla con el baño del agua y la Palabra y presentártela gloriosa, santa e inmaculada. Te bendecimos por el amor con que cada día actualizas tu oblación.

Acción: Ante una imagen de la Anunciación, glorifica a Dios por el desposorio de las naturalezas divina y humana de su Hijo.

Miércoles III

Dt 4,1.5-9 No apartéis las leyes del Señor.
Sal 147. Glorifica al Señor, Jerusalén.
Mt 5,17-19

En aquel tiempo dijo Jesús: "No penséis que yo he venido a poner fin a la ley de Moisés y a las enseñanzas de los profetas. No he venido a ponerles fin, sino a darles su verdadero sentido. Porque os aseguro que mientras existan el cielo y la tierra no se le quitará a la ley ni un punto ni una coma, hasta que suceda lo que tenga que suceder. Por eso, el que quebrante uno de los mandamientos de la ley, aunque sea el más pequeño, y no enseñe a la gente a obedecerlos, será considerado el más pequeño en el reino de los cielos. Pero el que los obedezca y enseñe a otros a hacer lo mismo, será considerado grande en el reino de los cielos".

Lectura: En el Deuteronomio, el predicador inculca que los preceptos de la Ley no son ucases arbitrarios; diseñan la forma de vida sabia y dichosa de un pueblo liberado que se verá tentado de idolatría e infidelidad, y también de olvido de las gestas del Dios que lo ha salvado. Lo que Jesús proclama en el discurso del monte es el objetivo mismo de perfección y santidad de que estaba transida la Ley antigua.

Meditación: Distinguimos entre poner fin a algo, en el sentido de abolirlo, o, por el contrario, cumplirlo o darle pleno sentido. El evangelista Mateo es un judío interesado en mostrar que Jesús no es un abolicionista y que no abjura de sus raíces; presenta a Jesús como aquel en quien alcanzan su culmen la Ley de Israel y los profetas; se explica, pues, que desde el capítulo uno hasta el veintisiete sean numerosos los pasajes de su obra en que figura, a modo de estribillo, la fórmula «para que se cumpliera lo dicho por el profeta» u otra similar. Además, el evangelio mateano de la infancia comienza con la genealogía de Jesús, israelita entroncado en el linaje de David y de Abrahán. En fin, en el relato de la transfiguración lo vemos acompañado de Moisés y Elías. La novedad no desdeña la continuidad; asume, corrige, prolonga y eleva lo que la precede.

Es el estilo del Dios creador y salvador: su gracia, lejos de destruir la naturaleza, la sana y la lleva a su perfección; la gracia que se nos otorga en el acontecimiento histórico Cristo asume la historia de Israel, flechada hacia el futuro en sus procesos de revelación y salvación. Así, tanto si vemos las cosas en un orden estático como si las vemos en un orden dinámico (histórico-salvífico, que afecta a los procesos culturales), Jesús lleva a cabo una transformación que da plenitud a la vida personal y a la historia de los pueblos. Pero como, en la mente y en la práctica, podemos desfigurar y de hecho desfiguramos llamadas de la tradición de los antiguos y de Jesús, este tiempo de Cuaresma nos llama una y otra vez a la conversión.

Oración: Señor Jesús, danos tu Espíritu de verdad y de vida, que nos haga comprender el sentido de la Ley y los profetas, nos dé un corazón nuevo, nos infunda un espíritu nuevo y nos lleve a pensar, sentir y actuar según el inestimable don de tu enseñanza. Y que Él nos enseñe a cuidar los detalles que dan calidad a la vida personal y a la convivencia.

Acción: Examina si tienes un estilo integrador o si te dejas llevar a veces del espíritu de contradicción. ¿Sigues esta máxima: «No desprecio casi nada»?

Jueves III

Jr 7,23-28 La sinceridad ha desaparecido de sus labios.
Sal 94. Ojalá escuchéis hoy la voz del Señor: "No endurezcáis
vuestro corazón".
Lc 11,14-23

MARZO **27**

Jesús estaba expulsando un demonio que había dejado mudo a un hombre. Cuando el demonio salió, el mudo comenzó a hablar. La gente se quedó asombrada, aunque algunos dijeron: "Beelzebú, el jefe de los demonios, es quien ha dado a este hombre poder para expulsarlos". Otros, para tenderle una trampa, le pidieron una señal milagrosa del cielo. Pero él, que sabía lo que estaban pensando, les dijo: "Todo país dividido en bandos enemigos se destruye a sí mismo, y sus casas se derrumban una tras otra. Así también, si Satanás se divide contra sí mismo, ¿cómo mantendrá su poder? Digo esto porque afirmáis que yo expulso a los demonios por el poder de Beelzebú. Pues si yo expulso a los demonios por el poder de Beelzebú, ¿quién da a vuestros seguidores el poder para expulsarlos? Por eso, ellos mismos demuestran que estáis equivocados. Pero si yo expulso a los demonios por el poder de Dios, es que el reino de Dios ya ha llegado a vosotros. Cuando un hombre fuerte y bien armado cuida de su casa, lo que guarda en ella está seguro. Pero si otro más fuerte que él llega y le vence, le quita las armas en las que confiaba y reparte sus bienes como botín. El que no está conmigo está contra mí; y el que conmigo no recoge, desparrama".

Lectura: La Ley dada por Dios al pueblo de la alianza ha rebotado en unos corazones de piedra, obstinados en la infidelidad; Jeremías denuncia esa actitud infiel. El evangelio presenta una apología de Jesús frente a quienes lo acusan de practicar la magia o reclaman una señal celeste.

Meditación: Ante el exorcismo realizado por Jesús caben tres preguntas. Una: ¿Quién está detrás? Respuesta: según algunos testigos, Beelzebú: hay una guerra civil entre las fuerzas del mal. Jesús argumenta y concluye: no; ha entrado en acción un contendiente más poderoso. Ese es el Evangelio; esa, la Buena Noticia.

Nueva pregunta: ¿Qué alcance tienen esos hechos? Respuesta: no son episodios irrelevantes en una contienda de resultado incierto; señalan un acontecimiento decisivo: la llegada del señorío de Dios; tal es su verdadero horizonte de sentido. El cuarto evangelio no narra ningún exorcismo, pero su mensaje es coincidente: «Ahora el príncipe de este mundo es echado fuera» (Jn 12,32). Vivimos en ese ahora perenne e indefectible.

Por último: ¿quién es, en tal caso, Jesús? Respuesta: es aquel en quien Dios «definitivamente habla, definitivamente actúa, definitivamente está presente» (G. Lohfink). Pero ¡atención!, que en este ahora continúan las hostilidades. No puedes ser mero espectador; ni la neutralidad ni la tibieza son de recibo: o estás del lado de Jesús en el combate contra el mal o estás en el bando contrario. ¡Toma partido! ¡Alístate e involúcrate de lleno!

Oración: Concédenos, Padre, el don de un buen discernimiento de espíritus. Y aleja de nosotros todo talante derrotista. Que la causa de Jesús sea nuestra causa y nos entreguemos a ella con ánimo esforzado.

Acción: ¿Cuál es la lucha en que estás empeñado en este combate cuaresmal? Pon nombre a alguno de los demonios que te tientan.

Viernes III

Os 14,2-10 *Voy a amarlos, aunque no lo merezcan.*
Sal 80. *Yo soy el Señor, Dios tuyo: escucha mi voz.*
Mc 12,28b-34

*U*no de los maestros de la ley, que les había oído discutir, se acercó a Jesús y le preguntó: "¿Cuál es el primero de todos los mandamientos?". Jesús le contestó: "El primer mandamiento de todos es: 'Oye, Israel, el Señor nuestro Dios es el único Señor. Ama al Señor tu Dios con todo tu corazón, con toda tu alma, con toda tu mente y con todas tus fuerzas'. Y el segundo es: 'Ama a tu prójimo como a ti mismo'. Ningún mandamiento es más importante que estos". El maestro de la ley dijo: "Muy bien, Maestro. Es verdad lo que dices: Dios es uno solo y no hay otro fuera de él. Y amar a Dios con todo el corazón, con todo el entendimiento y con todas las fuerzas, y amar al prójimo como a uno mismo, vale más que todos los holocaustos y que todos los sacrificios que se queman en el altar". Al ver Jesús que el maestro de la ley había contestado con buen sentido, le dijo: "No estás lejos del reino de Dios". Y ya nadie se atrevió a hacerle más preguntas.

Lectura: Dios mismo exhorta a su pueblo a la conversión. Le promete que le concederá raíces hondas, ramas florecidas, frutos opimos. Jesús declara al escriba cuál es el primer mandamiento de la Ley, que pone sentido y orden en todos los demás. Y completa su respuesta señalando el segundo. Ambos confluyen en una misma palabra: amor.

Meditación: «Con *todo* tu corazón, con *toda* tu alma, con *toda* tu mente, con *todas* tus fuerzas»: Es la norma de la totalidad. El amor con corazón indiviso es la consigna que nos propone el Señor, para que nuestro corazón no esté roto ni escindido, sino unificado, y para que, amando a Dios con corazón indiviso, sepamos amar rectamente a los hermanos y usar rectamente las cosas.

Espigamos unos pocos testimonios o resonancias de la norma de la totalidad: el hombre que halla el tesoro en el campo vende *todo* lo que tiene y compra aquel campo, y otro tanto hace el que encuentra una perla de gran valor (cf. Mt 13,44-46); «lo que hacéis, hacedlo con *toda* el alma» (Col 3,23); «mi Dios y mi *todo*» (Francisco de Asís y lema de los franciscanos); «Señor mío, yo soy *todo* tuyo, tú sabes bien que no tengo otra cosa que la túnica, la cuerda y las perneras, y también estas tres cosas son tuyas» (Francisco de Asís). «Ama *totalmente* al que se dio entero por amor a ti» (Clara de Asís a santa Inés de Praga); «ya *toda* me entregué y di / y de tal suerte he trocado / que mi Amado es para mí / y yo soy para mi Amado» (Teresa de Ávila); «a Dios *toda* la gloria, al prójimo *toda* la alegría, a mí *todos* los sacrificios» (santa María Bertila Boscardin). El fruto de la donación total es la alegría, porque se vive bajo la ley del Espíritu (cf. Gál 5,22s.) y porque «solo hay una tristeza: la de no ser santos» (Léon Bloy).

Oración: «Tomad, Señor, y recibid *toda* mi libertad, mi memoria, mi entendimiento y *toda* mi voluntad, *todo* mi haber y poseer; vos me lo disteis, a vos, Señor, lo torno; *todo* es vuestro, disponed a toda vuestra voluntad; dadme vuestro amor y gracia, que esta me basta» (Ignacio de Loyola).

Acción: Realiza hoy un gesto de servicio al prójimo en que se ejercite tu capacidad de amar, tu vocación al amor.

Sábado III

Os 6,1-6 Lo que quiero de vosotros es que me améis.
Sal 50. Quiero misericordia y no sacrificios.
Lc 18,9-14

MARZO **29**

En aquel tiempo Jesús contó esta otra parábola para algunos que se consideraban a sí mismos justos y despreciaban a los demás: "Dos hombres fueron al templo a orar: el uno era fariseo, y el otro era uno de esos que cobran impuestos para Roma. El fariseo, de pie, oraba así: 'Oh Dios, te doy gracias porque no soy como los demás: ladrones, malvados y adúlteros. Ni tampoco soy como ese cobrador de impuestos. Ayuno dos veces por semana y te doy la décima parte de todo lo que gano'. A cierta distancia, el cobrador de impuestos ni siquiera se atrevía a levantar los ojos al cielo, sino que se golpeaba el pecho y decía: '¡Oh Dios, ten compasión de mí que soy pecador!'. Os digo que este cobrador de impuestos volvió a su casa perdonado por Dios; pero no el fariseo. Porque el que a sí mismo se engrandece será humillado, y el que se humilla será engrandecido".

Lectura: La conversión no puede reducirse a un par de acciones efímeras y a un rito vacío; implica una práctica duradera del doble mandamiento del amor. El publicano es modelo de oración penitencial.

Meditación: El fariseo de la parábola se considera el solo justo en medio de una masa corrompida, un nuevo Noé, un nuevo Lot, los únicos justos salvados del agua y del fuego. Podría decir: «después de mí, el diluvio; después de mí, el fuego calcinante». Él es el muro de contención que obstaculiza la irrupción del Anticristo sobre el mundo o el dique que impide que la cólera divina se desborde sobre la tierra y la inunde; es el *katéjon* de 2Ts 2,6-7: frena y retiene el misterio de la iniquidad, la aparición del impío. Lo delata ese desdeñoso «no soy como los demás hombres». Rebosa satisfacción de sí mismo, se gloría en su yo; da la impresión de que no da gracias a Dios por ser Dios quien es, sino por el dechado de perfección en que él mismo ha convertido su propia persona a base de observancias y actos supererogatorios; no parece un adorador de Dios, sino más bien un ególatra.

Es de temer que haya olvidado la confesión del Tercer Isaías: «Todos estábamos contaminados, nuestra justicia era como un trapo manchado» (Is 64,6). Juan de la Cruz debió de decir hacia el final de su vida: «No recuerdo obra que no me esté reprendiendo». Santa Teresa de Lisieux evocaba la confesión del profeta cuando hablaba al Señor así: «En la noche de esta vida apareceré ante ti con las manos vacías, pues te pido, Señor, que no cuentes mis obras. Todas nuestras justicias están manchadas ante tus ojos. Por eso quiero vestirme con tu propia justicia y recibir de tu amor el vivir contigo eternamente». Sí, Él es «nuestra sabiduría, nuestra justicia, nuestra santificación y nuestra redención» (1Co 1,30).

No se trata de defender una teología del gusano (Dios no fabrica basura, nos ha coronado de gloria y dignidad); pero hay que estar alerta frente a la tentación de autocomplacencia combinada con el desprecio de los demás. Recordamos dos lemas: «El que se gloría, que se gloríe en el Señor» (2Co 10,17); «rivalizad en la estima mutua» (Rm 12,10).

Oración: «Jesús, Hijo de Dios, Señor, ten compasión de mí, pecador». Dame lucidez para reconocer mis culpas y espíritu de compunción para aborrecerlas. Enséñame a practicar la acusación de mí mismo y a no juzgar ni condenar a los demás. No permitas que entristezca al Espíritu Santo.

Acción: En alguno de estos días acércate al sacramento de la reconciliación.

Domingo IV, «Laetare»

Jos 5,9a.10-12 Por la tarde celebraron la Pascua.
Sal 33. Gustad y ved qué bueno es el Señor.
2Co 5,17-21 Todo esto es obra de Dios.
Lc 15,1-3.11-32

MARZO **30**

*T*odos los que cobraban impuestos para Roma, y otras gentes de mala fama, se acercaban a escuchar a Jesús. (...)Entonces Jesús les contó esta parábola: "Un hombre tenía dos hijos. El más joven le dijo: 'Padre, dame la parte de la herencia que me corresponde'. Y el padre repartió los bienes entre ellos. Pocos días después, el hijo menor vendió su parte y se marchó lejos, a otro país, donde todo lo derrochó viviendo de manera desenfrenada. Cuando ya no le quedaba nada, vino sobre aquella tierra una época de hambre terrible y él comenzó a pasar necesidad. Fue a pedirle trabajo a uno del lugar, que le mandó a sus campos a cuidar cerdos. Y él deseaba llenar el estómago de las algarrobas que comían los cerdos, pero nadie se las daba. Al fin se puso a pensar: '¡Cuántos trabajadores en la casa de mi padre tienen comida de sobra, mientras que aquí yo me muero de hambre! Volveré a la casa de mi padre y le diré: Padre, he pecado contra Dios y contra ti, y ya no merezco llamarme tu hijo: trátame como a uno de tus trabajadores'. Así que se puso en camino y regresó a casa de su padre. Todavía estaba lejos, cuando su padre le vio; y sintiendo compasión de él corrió a su encuentro y le recibió con abrazos y besos. El hijo le dijo: 'Padre, he pecado contra Dios y contra ti, y ya no merezco llamarme tu hijo'. Pero el padre ordenó a sus criados: 'Sacad en seguida las mejores ropas y vestidlo; ponedle también un anillo en el dedo y sandalias en los pies. Traed el becerro cebado y matadlo. ¡Vamos a comer y a hacer fiesta, porque este hijo mío estaba muerto y ha vuelto a vivir; se había perdido y le hemos encontrado!'. Y comenzaron, pues, a hacer fiesta (...).

Lectura: Israel vuelve de la penosa esclavitud en Egipto y come de la cosecha de la tierra. El hijo menor vuelve de la situación de penuria en un país lejano y es recibido con un festín. Pablo nos exhorta a acoger los dones de la reconciliación y la renovación y a celebrarlos en el banquete eucarístico.

Meditación: Ensayemos una lectura cristológica de la parábola. El Hijo único vino desde el Padre, que era para Él «la patria de la identidad», hasta nosotros, a esta «región de la desemejanza». Vino para devolvernos la semejanza perdida. Él, la imagen perfecta del Padre, quiso limpiar en lo más hondo de cada corazón su «imagen empañada por la culpa».

Y atisbamos qué despojo aceptó y qué trabajos tomó sobre sí, hasta qué punto «*derrochó*» todo lo que tenía, toda su fortuna, su vida misma, por nosotros, cómo nos amó *perdidamente*. Todas sus penalidades, toda su entrega, toda la presencia de su gracia amiga tenían ese solo fin: que recobráramos la dignidad de hijos. El misterio del corazón traspasado de este Hijo Pródigo anuncia a las claras, para todo el que tenga ojos para ver como los tuvo el Discípulo amado, la locura de su amor. Así encarnó la verdad más honda de Dios: su misericordia de Padre.

A los readmitidos *con todos los honores* en su casa se nos emplaza a ser eslabones vivos de la cadena de la misericordia y se nos urge a cooperar en la dignificación de los demás.

Oración: Gracias, Padre, por esta obra inefable de tu amor tan pródigo y entrañable. Por el bautismo fuimos despojados del hombre viejo, revestidos de Cristo, tu Hijo, y hechos hijos tuyos. Queremos acoger en esta Cuaresma la llamada a dejarnos reconciliar contigo, para alegría y júbilo en tu casa.

Acción: Recuerda y medita el logo del año de la misericordia: «Misericordiosos como el Padre».

Lunes IV

Is 65,17-21 Un cielo nuevo y una tierra nueva.
Sal 29. Te ensalzaré, Señor, porque me has librado.
Jn 4,43-54

Dos días más tarde salió Jesús de Samaria y continuó su viaje a Galilea. Porque, como él mismo afirmaba, a ningún profeta lo honran en su propia tierra. Al llegar a Galilea fue bien recibido por los galileos, porque también ellos habían estado en Jerusalén en la fiesta de la Pascua y habían visto todo lo que él hizo entonces. Jesús regresó a Caná de Galilea, donde había convertido el agua en vino. Se encontraba allí un alto oficial del rey, que tenía un hijo enfermo en Cafarnaún. Cuando este oficial supo que Jesús había llegado de Judea a Galilea, fue a verle y le rogó que bajase a su casa a sanar a su hijo, que se estaba muriendo. Jesús le contestó: "No creeréis, si no veis señales y milagros". Pero el oficial insistió: "Señor, ven pronto, antes que mi hijo muera". Jesús le dijo entonces: "Vuelve a casa. Tu hijo vive". El hombre creyó lo que Jesús le había dicho, y se fue. Mientras regresaba a casa, sus criados salieron a su encuentro y le dijeron: "¡Tu hijo vive!". Les preguntó a qué hora había comenzado a sentirse mejor su hijo, y le contestaron: "Ayer, a la una de la tarde, se le quitó la fiebre". El padre se dio cuenta entonces de que a esa misma hora le había dicho Jesús: "Tu hijo vive". Y él y toda su familia creyeron en Jesús. Ésta fue la segunda señal milagrosa hecha por Jesús al volver de Judea a Galilea.

Lectura: La lectura del cuarto evangelio nos acompañará las dos últimas semanas de Cuaresma. Hoy se narra la curación del hijo del alto oficial del rey; es una señal de la llegada de los tiempos mesiánicos: aquel muchacho al que sonreía… la muerte no acabó en niño malogrado. El camino de fe de su padre nos insta a vivir la oración del tiempo cuaresmal como ejercicio de la fe en el Dios que abre nuevas posibilidades a nuestro vivir.

Meditación: En aquel funcionario real había ya un germen de fe en Jesús; de lo contrario, no se habría desplazado desde Cafarnaún a Caná. Y tenía un motivo: pedir la curación de su hijo, que estaba en las últimas. Concurrían dos fuerzas poderosas, capaces de movilizar a las personas y de llevarlas a emprender toda suerte de trabajos: la fe y el amor; en nuestro caso, la fe en Jesús y el amor al hijo enfermo. ¡Qué no harán un padre y una madre por sus hijos en ese estado! Removerán cielo y tierra.

La primera diligencia de esa fe incipiente del oficial ha sido, tras enterarse de la presencia de Jesús en Caná, ir a su encuentro. El segundo ejercicio será la petición; porque creemos y esperamos, pedimos. El tercer acto ha sido el de no retirarse desengañado o malhumorado por la reconvención de Jesús, e insistir en la petición; el cuarto paso será fiarse de la palabra tan esperada: «Vuelve a casa. Tu hijo vive». Jesús no lo acompaña. ¡Ni falta que hace! Basta que lo haya dicho, pues su Palabra es un sacramento audible y es operante y eficaz por sí sola. En ese momento hizo crisis la enfermedad, ahora para la mejoría. El último acto de la fe será creer, con toda su familia. Creer: dicho así, a secas, redondamente, sin complementos ni arrimos; la Palabra se basta a sí misma en su plena suficiencia.

Oración: Hoy, Señor, intercedemos ante ti por los niños enfermos, algunos quizá desahuciados, y por sus familias y las personas que los atienden y acompañan. Te pedimos que estés cerca de ellos.

Acción: Identifica algunos gérmenes de vida que hay en ti y que quizá peligran. Atiéndelos, que no se malogren por descuido.

Martes IV

Ez 47,1-9.12 Convertirá agua amarga en dulce.
Sal 45. El Señor de los ejércitos está con nosotros,
nuestro alcázar es el Dios de Jacob.
Jn 5,1-16

*A*lgún tiempo después celebraban los judíos una fiesta, por lo que Jesús regresó a Jerusalén. En Jerusalén, cerca de la puerta llamada de las Ovejas, hay un estanque llamado en hebreo Betzatá. Tiene cinco pórticos, en los que, echados en el suelo, se encontraban muchos enfermos, ciegos, cojos y tullidos. Había entre ellos un hombre enfermo desde hacía treinta y ocho años. Cuando Jesús lo vio allí tendido y supo del mucho tiempo que llevaba enfermo, le preguntó: "¿Quieres recobrar la salud?". El enfermo le contestó: "Señor, no tengo a nadie que me meta en el estanque cuando se remueve el agua. Para cuando llego, ya se me ha adelantado otro". Jesús le dijo: "Levántate, recoge tu camilla y anda". En aquel momento el hombre recobró la salud, recogió su camilla y echó a andar. Pero como era sábado, los judíos dijeron al que había sido sanado: "Hoy es sábado; no te está permitido llevar tu camilla". El hombre les contestó: "El que me devolvió la salud me dijo: 'Recoge tu camilla y anda'". Ellos le preguntaron: "¿Quién es el que te dijo: 'Recoge tu camilla y anda'?". Pero el hombre no sabía quién le había curado, porque Jesús había desaparecido entre la multitud. Después, en el templo, Jesús se encontró con él y le dijo: "Mira, ahora que ya has recobrado la salud no vuelvas a pecar, no sea que te pase algo peor". (...) Por eso los judíos perseguían a Jesús, porque hacía tales cosas en sábado.

Lectura: El relato de la curación del paralítico de la piscina de Betzatá trae a la memoria la visión narrada por Ezequiel. Del templo, habitado por Dios, mana una corriente de agua vivificante. La Pascua de Cristo es la fuente que nos sana y recrea.

Meditación: Se dice pronto: ¡38 años! Si un minuto son 59 segundos demasiado largos, ¿qué será ese cúmulo interminable de esperas? No ya la que ejercitas, de vez en cuando, toda la santa tarde ni todo el santo día. Infinidad de hojas marchitas caídas del calendario, un sinnúmero de intentos fallidos por llegar el primero, miles de amargas comprobaciones de la propia impotencia y del abandono ajeno.

El enfermo refleja una cara de la vida: la vida herida por la impotencia. Así, en ocasiones, sufres esa extraña parálisis por la que te sientes a un paso infinito de las metas más concretas y más a mano; o conoces el abrupto intervalo (un tajante «no») que unas veces disocia el *quiero* y el *puedo* y otras el *puedo* y el *quiero*. El Salvador y su Palabra te acortan distancias para que finalmente tu vida efectiva coincida con tu vida escondida en Dios.

Jesús pregunta al enfermo si quiere recobrar la salud. La pregunta es pertinente. Quizá te instalas en una enfermedad llevadera o en limitaciones que no intentas superar; son tu zona de confort. Si te atienden bien y con cariño o te resuelven problemas prácticos para los que te sientes torpe, notas la tentación de ceder a esa tendencia regresiva y de acomodarte en ella. Personas pendientes de ti te facilitan la vida; sacas partido de tus carencias… y explotas un poco a los otros.

Oración: Cristo Jesús, nos has sumergido en tu Pascua para anegar todo lo que es pecado y hacer brotar en nosotros tu vida nueva. En la vigilia pascual confesaremos nuestra fe, renovaremos las promesas bautismales y, mientras nos asperjan, nos acercaremos a ti como fuente de eterna salud.

Acción: Examina si tiendes a explotar un poco a los otros. De ser cierto, detalla en qué casos y toma alguna medida.

Miércoles IV

Is 49,8-15 El Señor ha consolado a su pueblo.
Sal 144. El Señor es clemente y misericordioso.
Jn 5,17-30

En aquel tiempo Jesús les dijo: (...) "Os aseguro que el Hijo de Dios no puede hacer nada por su propia cuenta; sólo hace lo que ve hacer al Padre. Todo lo que el Padre hace, lo hace igualmente el Hijo. Porque el Padre ama al Hijo y le muestra todo lo que hace; y le mostrará cosas aún más grandes, que os dejarán asombrados. Pues así como el Padre resucita a los muertos y les da vida, también el Hijo da vida a quienes quiere dársela. Y el Padre no juzga a nadie, sino que ha dado a su Hijo todo el poder de juzgar, para que todos den al Hijo la misma honra que dan al Padre. El que no honra al Hijo tampoco honra al Padre, que lo ha enviado. Os aseguro que quien presta atención a mis palabras y cree en el que me envió, tiene vida eterna; y no será condenado, pues ha pasado de la muerte a la vida. Os aseguro que viene la hora, y es ahora mismo, en que los muertos oirán la voz del Hijo de Dios; y los que la oigan vivirán. Porque así como el Padre tiene vida en sí mismo, así también ha hecho que el Hijo tenga vida en sí mismo, y le ha dado autoridad para juzgar, por cuanto que es el Hijo del hombre. No os admiréis de esto, porque va a llegar la hora en que todos los muertos oirán su voz y saldrán de las tumbas. Los que hicieron el bien resucitarán para tener vida, pero los que hicieron el mal resucitarán para ser condenados. Yo no puedo hacer nada por mi propia cuenta. Juzgo según el Padre me ordena, y mi juicio es justo, porque no trato de hacer mi voluntad sino la voluntad del Padre, que me ha enviado".

Lectura: Amanece para el pueblo desterrado el día del retorno. Su Dueño, compadecido, lo consuela. Y la naturaleza se viste de gala. Al comienzo de la Cuaresma pedíamos avanzar en la inteligencia del misterio de Cristo y vivirlo en su plenitud. En estas semanas finales, bajo la guía del cuarto evangelio, se nos revela de modo progresivo.

Meditación: El misterio de Cristo y el misterio de Dios rebasan los alcances de nuestra inteligencia. Los confesamos, pero no los abarcamos. Sí podemos, con todo, eliminar ideas erróneas. Una fue, en la antigüedad, el modalismo. Afirmaba con fuerza la unicidad de Dios y pensaba que solo podía salvaguardarla si el Padre y el Hijo eran la misma «persona», manifestada de modos distintos. Decía uno de sus exponentes: «Cristo mismo es el Padre; el Padre es el que se encarnó, sufrió y murió». Nosotros confesamos que Jesús no es el Padre, ni otro nombre del Padre, ni un avatar del Padre. Es el Hijo. Como Hijo, lo recibe todo del Padre; como Hijo, no hace nada por su cuenta, sino todo lo que le dice y todo lo que hace el Padre; como Hijo, juzga y da vida por encargo del Padre; como Hijo, invoca al Padre; como Hijo, obedece al Padre: vive el amor al Padre bajo la forma de la obediencia para movernos a vivir la obediencia bajo la forma del amor.

Oración: Jesús, tú no eres un judío marginal del siglo primero, sin más; tú no eres un hombre ejemplar, sin más; tú no eres un hombre normativo, como Sócrates o Buda o Confucio, sin más. Tú eres el Ungido de Dios, el Hijo de Dios, la Palabra de Dios, el Pan de Vida, la Luz del mundo, la resurrección y la vida. Te confieso como el Mesías, el Hijo, mi Señor y mi Dios. Te confieso como Unigénito que está en el seno del Padre y como uno de nosotros. Dame la vida eterna: conocer al Padre y conocerte a ti, vivir de tu entrega por nosotros, amarte, acoger tu mandamiento del amor y entrar en tu camino de servicio.

Acción: Reza detenidamente la profesión de fe.

Jueves IV

Ex 32,7-14 Tu pueblo se ha echado a perder.
Sal 105. Acuérdate de mí, Señor, por amor a tu pueblo.
Jn 5,31-47

En aquel tiempo dijo Jesús: "Si yo diera testimonio en favor mío, mi testimonio no valdría como prueba; pero hay otro que da testimonio en mi favor, y me consta que su testimonio sí vale como prueba. Vosotros enviasteis a preguntarle a Juan, y lo que él respondió es cierto. Pero yo no dependo del testimonio de ningún hombre (...) tengo a mi favor un testimonio de más valor que el de Juan. Lo que yo hago, que es lo que el Padre me encargó que hiciera, prueba que de veras me ha enviado. Y también el Padre, que me ha enviado, da testimonio a mi favor, a pesar de que nunca habéis oído su voz ni lo habéis visto ni su mensaje ha penetrado en vosotros, porque no creéis en aquel que el Padre envió. Estudiáis las Escrituras con toda atención porque esperáis encontrar en ellas la vida eterna; y precisamente las Escrituras dan testimonio de mí. Sin embargo, no queréis venir a mí para tener esa vida. Yo no acepto honores que vengan de los hombres. Además os conozco y sé que no amáis a Dios. Yo he venido en nombre de mi Padre y no me aceptáis; en cambio aceptaríais a cualquier otro que viniera en nombre propio. ¿Cómo podéis creer, si recibís honores unos de otros y no buscáis los honores que vienen del Dios único? No creáis que yo os voy a acusar delante de mi Padre. El que os acusa es Moisés mismo, en quien habéis puesto vuestra esperanza. Porque si vosotros creyerais a Moisés, también me creeríais a mí, porque Moisés escribió acerca de mí (...)".

Lectura: Jesús aduce una cadena de testigos que declaran a favor de Él. Un eslabón de la cadena es Moisés. En el camino de conversión de la Cuaresma escuchamos la denuncia de la perversión del pueblo y la intercesión de Moisés, que recuerda a Dios la promesa hecha a los padres e implora el perdón.

Meditación: No se da testimonio de un teorema matemático, de una teoría física o de una doctrina filosófica; no se da testimonio de verdades abstractas intemporales. El teorema, la teoría física o la tesis filosófica son objeto de demostración en su respectivo campo. De hechos ocurridos en un preciso lugar y momento podrán dar testimonio creíble quienes entonces estaban allí, los presenciaron y guardaron viva memoria de lo sucedido; de un acontecimiento cuyo sentido y verdad resultaban quizá inicialmente oscuros, ambiguos y malentendidos, podrán testimoniar quienes han podido descifrarlos y percibirlos en su real verdad y patencia (pensemos en la cruz de Jesús); un acontecimiento y encuentro que nos ha sobrevenido, nos ha envuelto y ha afectado a nuestra vida y es a la vez decisivo para la vida de otras personas reclama nuestro testimonio.

Todo un cúmulo de testigos dotados de autoridad singular y reconocida por los interlocutores declaran solemnemente a favor de Jesús: Juan Bautista, las Escrituras, Moisés, las obras que realiza por encargo de su Padre y el propio Padre.

Oración: Un clamor, todo un testimonio coral de voces depone a favor tuyo, Jesús. Cada una tiene un timbre propio y hay entre todas plena armonía. Son testigos que declaran tu inocencia, tu origen misterioso, el sentido y verdad de tu misión. Y tú mismo, desde tu propia luz, nos permites captar mejor esos testimonios. Que el clamor llegue a ser universal y toda lengua proclame: «Jesucristo es Señor», para gloria de Dios Padre.

Acción: Suma tu propia voz a esta cadena de testigos. Incorpórate a ella.

Viernes IV

Sab 2,1a.12-22 Se llama a sí mismo hijo del Señor.
Sal 33. El Señor está cerca de los atribulados.
Jn 7,1-2.10.25-30

ABRIL **4**

*A*lgún tiempo después andaba Jesús por la región de Galilea, pues no quería seguir en Judea porque los judíos lo buscaban para matarlo. Se acercaba la fiesta de las Enramadas, una de las fiestas de los judíos. Cuando ya se habían ido sus hermanos, también Jesús fue a la fiesta, aunque no lo hizo públicamente sino casi en secreto. Algunos de los que vivían en Jerusalén empezaron entonces a preguntar: "¿No es a éste a quien andan buscando para matarle? Pues ahí está, hablando en público, y nadie le dice nada. ¿Será que verdaderamente las autoridades creen que este hombre es el Mesías? Pero nosotros sabemos de dónde viene; en cambio, cuando venga el Mesías, nadie sabrá de dónde viene". Al oír esto, Jesús, que estaba enseñando en el templo, dijo con voz fuerte: "¡Así que vosotros me conocéis y sabéis de dónde vengo! Pues yo no he venido por mi propia cuenta, sino enviado por aquel que es digno de confianza y a quien vosotros no conocéis. Yo le conozco, porque vengo de él y él me ha enviado". Entonces quisieron apresarle, pero nadie le echó mano porque todavía no había llegado su hora.

Lectura: En la reflexión del sabio, la presencia del justo, su fe en Dios y su forma de vida son incómodos para los impíos, que deciden ponerlo a prueba. No saben de esperanza. Y los judíos no saben de dónde viene Jesús.

Meditación: «Jesús el Nazareno», «Jesús el Galileo»: ahí habla el narrador, ahí habla el historiador, y está bien. Pero el credo va mucho más allá: no dice solo que nació de María, sino de santa María virgen; y dice que es Dios de Dios, luz de luz, Dios verdadero de Dios verdadero. La fuente en que bebe no es la crónica o el padrón municipal; es la revelación. Pero el paso de esas briznas que recogen el historiador y el arqueólogo a la confesión de fe no fue un salto instantáneo y mortal. No es el estilo de la pedagogía divina; la revelación de la verdad de Jesús se fue gestando y abriendo camino en los discípulos y grupos del pueblo lentamente y no de forma indolora. Hubo tiempos de escucha de su Palabra y de observación de su conducta; hubo momentos de estupor ante ciertos hechos en que ejercía una autoridad soberana; hubo mensajes incomprendidos, expectativas frustradas; hubo preguntas sobre su identidad. Y sobrevinieron el Calvario, la tumba vacía, los encuentros pascuales. Vino la relectura de la Ley, los profetas y los salmos, vino la meditación joánica. Lejos de ser un salto instantáneo, el proceso fue largo, acompañado por el Espíritu de la verdad; sí, la acogida de la revelación fue lenta y laboriosa, todo lo contrario de un fugaz espejismo, de una visión inconsistente y falaz, de una creación ilusoria de la fantasía.

Oración: Gracias, Señor, por habernos manifestado tu verdad de muchas maneras, haciéndote a nuestra medida, para que pudiéramos conocerla poco a poco. Tú te habituaste a la capacidad de nuestra mirada para que nosotros nos habituáramos a tu luz y pudiéramos llegar a contemplar la esplendidez de tu amor y confesar el esplendor de tu gloria.

Acción: Lee despacio el Prólogo del cuarto evangelio, que muestra la dinámica de la manifestación de la Palabra y su identidad de intérprete perfecto de Dios.

Sábado IV

Jr 11,18-20 He puesto mi causa en tus manos.
Sal 7. Señor, Dios mío, a ti me acojo.
Jn 7,40-53

ABRIL **5**

Entre la gente se encontraban algunos que al oír a Jesús hablar dijeron: "Seguro que este hombre es el profeta". Otros decían: "Éste es el Mesías". Pero otros decían: "No, porque el Mesías no puede venir de Galilea. La Escritura dice que el Mesías ha de ser descendiente del rey David y que procederá de Belén, del mismo pueblo de David". Así que la gente se dividió por causa de Jesús. Algunos querían apresarle, pero nadie llegó a ponerle las manos encima. Los guardias del templo volvieron a donde estaban los fariseos y los jefes de los sacerdotes, que les preguntaron: "¿Por qué no lo habéis traído?". Contestaron los guardias: "¡Nadie ha hablado nunca como él!". Los fariseos les dijeron entonces: "¿También vosotros os habéis dejado engañar? ¿Acaso ha creído en él alguno de nuestros jefes o de los fariseos? Pero esta gente que no conoce la ley está maldita". Nicodemo, el fariseo que en una ocasión había ido a ver a Jesús, les dijo: "Según nuestra ley, no podemos condenar a un hombre sin antes haberle oído para saber lo que ha hecho". Le contestaron: "¿También tú eres galileo? Estudia las Escrituras y verás que ningún profeta ha venido de Galilea". Y cada uno se fue a su casa.

Lectura: Los vecinos y familiares de Jeremías traman un plan contra él. El profeta se representa a sí mismo con la imagen del cordero que va a ser degollado. Él deposita su confianza en Dios, que vindicará su causa. En el relato evangélico la gente discrepa sobre la condición profética y mesiánica de Jesús.

Meditación: Jesús no deja indiferentes a sus contemporáneos, obliga a tomar posición sobre Él. Y hay pareceres discordantes. Cada cual argumenta según las ideas, esquemas mentales o retrato robot que se ha forjado de un profeta legítimo y fiable o de las señas de identidad que acreditan al Mesías. Para unos, la expresión «el profeta de Galilea» es una contradicción en los términos, un insulto a la inteligencia y a toda la tradición (soslayemos la hipótesis de que asomen rivalidades regionales); otros lo consideran profeta o Mesías basados en su mensaje incomparable. Pero ya puedes hacer milagros y hablar divinamente; todo ese argumentario se estrella contra el dato de la procedencia. Sin embargo, ¿no puede suscitar Dios algo nuevo donde nadie lo esperaba? ¿No cuenta este hombre con testimonios inconcusos a su favor?

Los prejuicios pueden cerrar el acceso a la verdad, que quizá nos encuentra blindados en el baluarte de ciertos *a priori* problemáticos. No es fácil apearse de ellos; importa preguntarse: ¿es correcta la premisa de que parto? ¿Cuento con buenas razones para sostenerla? E importa estar siempre alerta, en un continuo proceso autocorrectivo de aprendizaje. Aquellos críticos, para superar su rechazo o sus fuertes reservas, habrían podido tomar como modelo a Natanael, que, abierto a la verdad, supo rectificar (Jn 1,45-49).

Oración: Señor Jesús, recuerdo la declaración de santa Teresa Benedicta de la Cruz: «Llegó un momento en que mi búsqueda de la verdad se convirtió en plegaria». Unió búsqueda y súplica. Obedeció a tu invitación: «Pedid y recibiréis; buscad y hallaréis». Danos tu Espíritu, que nos guíe en la búsqueda e inspire nuestra petición.

Acción: Examina si el apego a tus opiniones te vuelve, ya de entrada, poco receptivo a las razones y pareceres de otros. Examina qué apertura hay en ti a lo nuevo o a lo que te cuestiona.

Domingo V

Is 43,16-21 Voy a hacer algo nuevo.
Sal 125. El Señor ha estado grande con nosotros y estamos alegres.
Flp 3,8-14 Cristo Jesús me alcanzó primero.
Jn 8,1-11

En aquel tiempo Jesús se dirigió al monte de los Olivos, y al día siguiente, al amanecer, volvió al templo. La gente se le acercó, y él, sentándose, comenzó a enseñarles. Los maestros de la ley y los fariseos llevaron entonces a una mujer que había sido sorprendida en adulterio. La pusieron en medio de todos los presentes y dijeron a Jesús: "Maestro, esta mujer ha sido sorprendida en el acto mismo del adulterio. En nuestra ley, Moisés ordena matar a pedradas a esta clase de mujeres. Y tú, ¿qué dices?". Preguntaron esto para ponerle a prueba y tener algo de qué acusarle, pero Jesús se inclinó y se puso a escribir en la tierra con el dedo. Luego, como seguían preguntándole, se enderezó y les respondió: "El que de vosotros esté sin pecado, que le arroje la primera piedra". Volvió a inclinarse y siguió escribiendo en la tierra. Al oír esto, uno tras otro fueron saliendo, empezando por los más viejos. Cuando Jesús se encontró solo con la mujer, que se había quedado allí, se enderezó y le preguntó: "Mujer, ¿dónde están? ¿Ninguno te ha condenado?". Contestó ella: "Ninguno, Señor". Jesús le dijo: "Tampoco yo te condeno. Vete y no vuelvas a pecar".

Lectura: La sola memoria de un pasado no rescata, aunque nutre la esperanza, avivada por la presencia de brotes nuevos. ¡Despunta la salvación! (Isaías). Esta se hace realidad victoriosa en Cristo: Él es la meta en que ya estamos y hacia la que todavía hemos de lanzarnos (Pablo). Y Él sabe resolver dilemas que nos atenazan (evangelio).

Meditación: ¿Qué posición tomará Jesús en el caso de la mujer sorprendida en adulterio? Está ante un dilema: si se opone a que la apedreen, contraviene a la Torá y parece favorecer la infidelidad conyugal, el laxismo, la desregulación de las normas sobre la sexualidad; no puede hacerlo, pues ha radicalizado el precepto sobre el adulterio al decir que también lo comete quien desea en su corazón a una mujer casada. Por otro lado, no quiere consentir a un acto de violencia tan bárbaro. Deshace el dilema trazando signos en el suelo y proponiendo que lance la primera piedra quien esté sin pecado.

Esta es su máxima: antes de acusar a otros, practica la acusación de ti mismo; antes de ser verdugo, entra en ti, examínate y piensa si no eres reo y si no debes ser penitente. Los fabulistas apuntan que llevamos al hombro un par de alforjas: la de atrás, para los defectos propios, la de delante para los ajenos; Jesús llama a invertir su posición.

Para la mujer tiene una doble palabra: «Tampoco yo te condeno» afecta a la conducta pasada; «no vuelvas a pecar», a la vida que tiene por delante; la mueve a llevar una vida digna, redimida, nueva. El relato del libro de Daniel sobre Susana concluye: «Aquel día se salvó una vida inocente»; el de Juan podría concluir así: «Aquel día se salvó una vida culpable».

Oración: Jesús, hallas el modo de reconocer la santidad de la Ley y a la vez el modo de redimir a una persona de su culpa y de abrirle la posibilidad de un amor fiel en adelante. No haces recaer sobre ella todo el peso de la Ley, sino la ingravidez y alegría de la gracia redentora. Unes justicia y misericordia.

Acción: Examina en qué medida practicas la acusación de ti mismo o propendes a juzgar a otros. Y ora por la fidelidad mutua de los esposos.

Lunes V

Dn 13,1-9.15-17.19-30.33-62 Dios salva a los que confían en él.
Sal 22. Aunque camine por cañadas oscuras, nada temo,
porque tú vas conmigo.
Jn 8,12-20

ABRIL **7**

Jesús se dirigió otra vez a la gente, diciendo: "Yo soy la luz del mundo. El que me siga tendrá la luz que le da vida y nunca andará en oscuridad". Los fariseos le dijeron: "Tú estás dando testimonio a favor tuyo; ese testimonio no tiene valor". Jesús les contestó: "Mi testimonio sí tiene valor, aunque lo dé yo mismo a mi favor, pues yo sé de dónde procedo y a dónde voy. En cambio, vosotros no lo sabéis. Vosotros juzgáis según los criterios humanos. Yo no juzgo a nadie; y si juzgo, mi juicio es conforme a la verdad, porque no juzgo yo solo, sino que el Padre, que me envió, juzga conmigo. En vuestra ley está escrito que cuando dos testigos dicen lo mismo, su testimonio es válido. Pues bien, yo mismo soy un testigo a mi favor, y el Padre, que me envió, es el otro testigo". Le preguntaron: "¿Dónde está tu Padre?". Jesús les contestó: "Vosotros no me conocéis, ni tampoco a mi Padre; si me conocierais, conoceríais también a mi Padre". Jesús dijo estas cosas mientras enseñaba en el templo, en el lugar donde estaban las arcas de las ofrendas. Pero nadie le apresó, porque todavía no había llegado su hora.

Lectura: Hoy narra el libro de Daniel la historia de Susana aludida ayer. Refiere el plan de acostarse con ella tramado por dos ancianos y el falso testimonio de estos; Daniel («Dios hace justicia») los desenmascara. Jesús defiende la legitimidad del testimonio que da de sí mismo.

Meditación: En otra circunstancia (Jn 5,31) ha dicho Jesús que no da testimonio de sí; es a otros a quienes compete darlo, y él enumera una lista de testigos que deponen a su favor. Pero cuando pronuncia un «Yo soy…» tan directo, parece que no puede no dar tal testimonio. Él es la Palabra; no puede permanecer mudo cuando se le pregunta quién es, qué hace y por qué obra así, y también cuando no se le pregunta. Se dice de forma queda en lo hondo del corazón humano y se ha dicho de forma bien perceptible en los distintos escenarios y ante los distintos auditorios de su tierra galilea y judía. Él es la Luz del mundo, y como la luz da testimonio de sí por sí misma y no puede no darlo, así Jesús da testimonio de sí. Él es la Verdad, y esta no puede por menos que manifestarse y hacerse patente; si está lleno del don de la verdad, se tiene que notar, quiera o no. No tiene remedio. Es su condición, una bendita condición irrenunciable, no puede desprenderse de ella; para eso nació y para eso vino al mundo. Solo Él puede dar testimonio del encargo recibido de Dios en el misterio de Dios.

Oración: Jesús, deja que escuche el testimonio que das de ti mismo como Luz del mundo y que, al igual que el pueblo seguía en el desierto la columna de fuego, te siga a ti para tener la luz de la vida. Has traído el don de la verdad, dámela a conocer, grábala en las tablas de mi corazón para vivir de ella.

Acción: No te calles hoy, por miedo, respetos humanos o comodidad, algo que consideras necesario u oportuno decir. Así serás una lámpara que arde y brilla, como el Bautista.

Martes V

Nm 21,4-9 *Hemos pecado al hablar contra el Señor.*
Sal 101. *Señor, escucha mi oración, que mi grito llegue hasta ti.*
Jn 8,21-30

Jesús les volvió a decir: "Yo me voy, y vosotros me buscaréis, pero moriréis en vuestro pecado. A donde yo voy vosotros no podéis ir". Los judíos decían: "¿Acaso estará pensando en matarse y por eso dice que no podemos ir a donde él va?". Jesús añadió: "Vosotros sois de aquí abajo, pero yo soy de arriba. Vosotros sois de este mundo, pero yo no soy de este mundo. Por eso os he dicho que moriréis en vuestros pecados: porque si no creéis que yo soy, moriréis en vuestros pecados". Entonces le preguntaron: "¿Quién eres tú?". Jesús les respondió: "En primer lugar, ¿por qué he de hablar con vosotros? Tengo mucho que decir y juzgar de vosotros; pero el que me ha enviado dice la verdad, y lo que yo digo al mundo es lo mismo que le he oído decir a él". Pero ellos no entendieron que les hablaba del Padre. Por eso les dijo: "Cuando levantéis en alto al Hijo del hombre, reconoceréis que yo soy y que no hago nada por mi propia cuenta. Solamente digo lo que el Padre me ha enseñado. El que me ha enviado está conmigo: no me ha dejado solo, porque yo siempre hago lo que le agrada". Al decir Jesús estas cosas, muchos creyeron en él.

Lectura: El relato de la serpiente de bronce pone de relieve el perdón y la curación que Dios otorga a su pueblo. La serpiente elevada sobre un mástil servirá al evangelista de imagen para expresar la fuerza sanadora de la cruz, del Crucificado.

Meditación: Si Jesús no hubiera sido levantado en alto, si no hubiera tenido lugar el acontecimiento de la cruz en que fue glorificado, todo habría quedado en suspenso, como una incógnita sin despejar. Sus signos y sus palabras serían como un proyecto fallido, como un camino cortado, como una frase truncada, al faltar la gloria final a que tendían y que era su razón de ser. Anticipaban esa gloria, como el alba preludia al mediodía.

Puede resultar paradójico, pero la cruz de Jesús, contra la intención de quienes traman su muerte, no trunca su camino, sino que lo culmina. No tendrá que lamentar como Ezequías: «En medio de mis días tengo que marchar hacia las puertas del abismo, me privan del resto de mis años» (Is 38,10). No; «en plenitud de vida y de sendero dio el paso hacia la muerte porque él quiso». Y, después de probar el vinagre, podrá decir su última palabra: «Está cumplido» (Jn 19, 30). Su muerte no fue intempestiva, a destiempo; llegó en la hora señalada en el designio del Padre, en la hora del sacrificio de los corderos en el templo: era la hora del Cordero de Dios que quita el pecado del mundo.

Ahí, en esa muerte, cobran para nosotros plena consistencia, sentido y verdad todas las palabras y señales que ha realizado. Ahí es donde da Él testimonio de la verdad, ahí trasparenta al Padre, ahí actúa regiamente. Y nosotros hemos de reconocer que *Él es*.

Oración: Señor, creemos y reconocemos que tú eres. El Padre estuvo y está contigo y tú permaneciste vinculado a él en una unión nunca rota, en virtud de tu continua escucha y tu obediencia rendida. Lo agradaste en todo; por eso te dijo y te dice Él: «Tú eres mi Hijo amado. En ti me complazco».

Acción: Dedica un tiempo a adorar al Señor crucificado. Aclámalo por su victoria.

Miércoles V

Dn 3,14-20.91-92.95 ¿Qué Dios podrá salvarnos?
Sal: Dn 3,52-56. A ti gloria y alabanza por los siglos.
Jn 8,31-42

ABRIL **9**

Jesús dijo a los judíos que habían creído en él: "Si os mantenéis fieles a mi palabra, seréis verdaderamente mis discípulos; conoceréis la verdad, y la verdad os hará libres". Ellos le contestaron: "Nosotros somos descendientes de Abraham y nunca fuimos esclavos de nadie. ¿Cómo dices tú que seremos libres?". Jesús les dijo: "Os aseguro que todos los que pecan son esclavos del pecado. Un esclavo no pertenece para siempre a la familia, pero un hijo sí pertenece a ella para siempre. Así que, si el Hijo os hace libres, seréis verdaderamente libres. Ya sé que sois descendientes de Abraham, pero queréis matarme porque no aceptáis mi palabra. Yo hablo de lo que el Padre me ha mostrado, y vosotros hacéis lo que vuestro padre os ha dicho". Dijeron ellos: "¡Nuestro padre es Abraham!". Pero Jesús les respondió: "Si de veras fuerais hijos de Abraham, haríais lo que él hizo. Pero a mí, que os digo la verdad que Dios me ha enseñado, queréis matarme. ¡Y eso nunca lo hizo Abraham! Vosotros hacéis lo mismo que vuestro padre". Dijeron: "¡Nosotros no somos unos bastardos! ¡Nuestro único padre es Dios!". Jesús les contestó: "Si Dios fuese de veras vuestro padre, me amaríais, porque yo, que estoy aquí, vengo de Dios. No he venido por mi propia cuenta, sino que Dios me ha enviado".

Lectura: Antíoco Epífanes (s. II a. C.), velado en el relato bajo el nombre de Nabucodonosor, profanó el templo y martirizó a muchos israelitas fieles a la Ley; Dios no los abandonó en la muerte. Jesús parece hablar a unos creyentes inmaduros.

Meditación: «[…] no aceptáis mi palabra». La Palabra de Jesús, su mensaje, su revelación, es un don ofrecido a los interlocutores, don que se puede aceptar o rehusar; su Palabra es como una lluvia, que puede rebotar y resbalar sobre un terreno duro o bien entrar y calar si el terreno es permeable; su Palabra es como un injerto en un organismo vivo, que puede prender en él y hacerle dar fruto o ser rechazado como un intruso.

Esta Palabra pide que le *demos cabida* y le *hagamos sitio*. La fe consiste justamente en acoger la Palabra de Jesús, la Palabra que *es* Jesús, en familiarizarnos e intimar con ella, en dejar que prospere, tenga éxito y salga victoriosa en nosotros frente al pecado que nos esclaviza.

Se instaura así una mutua hospitalidad: la Palabra de Jesús se nos ofrece como nuestro verdadero hábitat espiritual y nosotros permanecemos en ella; recíprocamente, damos amplia cabida a la Palabra de Jesús, para que se asiente en nosotros como dueña y señora, nos vivifique y actúe con su poder que libera de cuanto separa de Dios. Cuanto más a sus anchas esté y más se señoree de nosotros, más señores nos vuelve, más libres nos hace. Por eso reclama dispensarle un trato duradero y fiel. No seamos un lugar inhóspito para ella y no la amenacemos de despido o desahucio.

Oración: Señor, tú eres la verdad, la epifanía de Dios en nuestra historia. Dame tu Palabra. Que tu Espíritu modele mi sensibilidad, me libre de la inapetencia y fomente en mí el deseo de recibir tu Palabra cada jornada, me ponga en sintonía con ella, me ayude a comprenderla. Que tu Palabra vaya configurando mi forma de pensar, de sentir y de actuar.

Acción: Puedes componer un salmo en que des gracias al Señor por el don de su Palabra, expreses el sentido que esta tiene para ti y tu voluntad de buscarla y de acogerla.

Jueves V

Gn 17,3-9 *Yo siempre seré tu Dios.*
Sal 104. *El Señor se acuerda de su alianza eternamente.*
Jn 8,51-59

ABRIL **10**

*E*n aquel tiempo dijo Jesús: "Os aseguro que quien hace caso a mi palabra no morirá". Los judíos le dijeron: "Ahora estamos seguros de que tienes un demonio. Abraham y todos los profetas murieron, y tú dices: 'Quien hace caso a mi palabra no morirá'. ¿Acaso eres tú más que nuestro padre Abraham? Él murió, y murieron también los profetas. ¿Quién te has creído que eres?". Jesús contestó: "Si yo me honrase a mí mismo, mi honra no valdría nada. Pero el que me honra es mi Padre, el mismo que decís que es vuestro Dios. Pero vosotros no le conocéis. Yo sí le conozco, y si dijera que no le conozco sería tan mentiroso como vosotros. Pero, ciertamente, le conozco y hago caso a su palabra. Abraham, vuestro antepasado, se alegró porque iba a ver mi día: y lo vio, y se llenó de gozo". Los judíos preguntaron a Jesús: "Si todavía no tienes cincuenta años, ¿cómo dices que has visto a Abraham?". Jesús les contestó: "Os aseguro que yo existo desde antes que existiera Abraham". Entonces ellos cogieron piedras para arrojárselas, pero Jesús se escondió y salió del templo.

Lectura: Como en el evangelio se menciona a Abrahán, la primera lectura nos recuerda la alianza que Dios selló con el patriarca, al que promete descendencia, territorio, acompañamiento. Jesús se declara preexistente: «Antes que Abrahán naciera existo yo».

Meditación: Moriremos. Es un destino inexorable. Lo llevamos inscrito en cada célula de nuestro cuerpo. ¡Hasta Abraham y los profetas murieron, que ya es decir! Y morirán los partidarios del posthumanismo, por más que proyecten un futuro inmortal. Pero la cuestión no es esa; la cuestión es si moriremos para siempre; ahí es donde se bifurcan las opiniones.

Jesús también murió. Dijo que nadie le quitaba la vida, sino que la entregaba libremente. Tenía poder para darla y poder para recobrarla (cf. Jn 10,18). Se estremeció al anticipar su muerte (Jn 12,27), pero, llegada la hora de la pasión, entró en ella decidida, señorial, regiamente. Dio su vida para la vida del mundo.

Él es la resurrección y la vida. Él nos da la comunión con Dios, el Viviente, el Eterno, y nos hace participar en su victoria personal sobre la muerte. Hemos vuelto a nacer de una semilla inmortal: gracias a la Palabra viva y permanente de Dios (1Pe 1,23). Así la muerte no es el fin, sino un tránsito y una ganancia. Lo que importa es morir con el Señor, a fin de vivir con Él para siempre.

Avanzamos en el conocimiento de la verdad de Jesús, como pedíamos al comienzo de la Cuaresma. Hoy se levanta algo más la punta del velo que cubre su misterio: si, por un lado, es descendiente de Abrahán, por otro preexiste al patriarca de Israel, que está orientado hacia Jesús.

Oración: Señor, danos la gracia de guardar tu Palabra, como tú guardabas la Palabra de tu Padre; si la guardamos siempre, ella nos guardará a nosotros para siempre. Y para poder guardarla, danos la gracia de amarla y la de amarte a ti, que nos la sigues dando.

Acción: En este Año Jubilar de la Esperanza, aviva tu esperanza de la vida eterna y pon en otros semillas de esperanza para la vida presente y la vida del mundo futuro.

Viernes V

Jr 20,10-13 Tú, Señor, estás conmigo.
Sal 17. En el peligro invoqué al Señor, y me escuchó.
Jn 10,31-42

En aquel tiempo los judíos volvieron a coger piedras para tirárselas, pero Jesús les dijo: "Por el poder de mi Padre he hecho muchas cosas buenas delante de vosotros: ¿por cuál de ellas me vais a apedrear?". Los judíos le contestaron: "No vamos a apedrearte por ninguna cosa buena que hayas hecho, sino porque tus palabras son una ofensa contra Dios. Tú, que no eres más que un hombre, te haces Dios a ti mismo". Jesús les respondió: "En vuestra ley está escrito: 'Yo dije que sois dioses'. Sabemos que no se puede negar lo que dice la Escritura, y Dios llamó dioses a aquellas personas a quienes dirigió su mensaje. Y si Dios me apartó a mí y me envió al mundo, ¿cómo podéis decir que le he ofendido por haber dicho que soy Hijo de Dios? Si no hago las obras que hace mi Padre, no me creáis. Pero si las hago, creed en ellas aunque no creáis en mí, para que de una vez por todas sepáis que el Padre está en mí y yo en el Padre". De nuevo quisieron apresarle, pero Jesús se escapó de sus manos. Regresó Jesús al lado oriental del Jordán, y se quedó allí, en el lugar donde Juan había estado antes bautizando. Muchos fueron a verle y decían: "Ciertamente, aunque Juan no hizo ninguna señal milagrosa, todo lo que decía de este hombre era verdad". Muchos creyeron en Jesús en aquel lugar.

Lectura: Sobre Jeremías se concita la hostilidad de amigos y enemigos; su amparo firme es Dios, el defensor de su causa. En la fiesta de la Dedicación, Jesús declara: «Yo y el Padre somos uno» (Jn 10,30). Los adversarios, que no son de sus ovejas, quieren apedrearlo por blasfemo; otros creen en Él, porque cumple lo dicho de Él por el Bautista.

Meditación: Jesús emplea dos pruebas en defensa de su presentación como Hijo. Una parte de la Escritura, que considera dioses a los israelitas; *a fortiori* le cuadra a Él tal designación: no es un israelita más, sino aquel al que Dios separó para enviarlo al mundo. La otra prueba son las obras bellas que realiza: todo lo que hace es mediación del obrar del Padre; no lo suplanta.

En paralelo diremos: todo lo que tiene lo ha recibido del Padre, no lo usurpa; en toda su manifestación es la viva imagen del Padre y lo transparenta, no lo opaca ni oculta; todo lo que es le viene del Padre, no de sí mismo. No se emancipa de Él: está siempre pendiente de su voluntad y lo obedece de continuo; lo ama y hace cuanto le agrada. Es el intérprete perfecto, el traductor simultáneo, la revelación en persona. No es el Padre, pero sí una misma cosa con Él.

Esta fe eclesial se remonta a los debates de la Iglesia primitiva con círculos judíos. Es una fe radicalmente monoteísta y radicalmente cristológica. Dice una fórmula primitiva: «Toda lengua proclame: "Jesucristo es *Señor*" para gloria de Dios Padre» (Flp 2,11). Es la norma de la totalidad en el orden de la recta creencia, de una confesión enteriza de fe de comienzo a fin, no mutilada de ninguno de sus artículos.

Oración: Ven, Espíritu de la verdad, enséñanoslo todo: sí, recuérdanos cuanto nos dijo Jesús, y nos basta. No queremos amputar nada, quedarnos con un miembro o esquirla del cuerpo de la verdad viviente de Jesús.

Acción: El lugar propio de la recta creencia es el culto. Este domingo, al llegar el momento de la profesión de fe, hazla en el Espíritu como gran doxología que confiesa el misterio del Padre manifestado en la vida y Pascua del Unigénito.

Sábado V

Ez 37,21-28 Yo los limpiaré de sus pecados.
Sal: Jr 31,10-13. El Señor nos guardará como un pastor a su rebaño.
Jn 11,45-57   ABRIL **12**

*A*l ver lo que Jesús había hecho, creyeron en él muchos de los judíos que habían ido a acompañar a María. Pero algunos fueron a contar a los fariseos lo hecho por Jesús. Entonces los fariseos y los jefes de los sacerdotes, reunidos con la Junta Suprema, dijeron: "¿Qué haremos? Este hombre está haciendo muchas señales milagrosas. Si le dejamos seguir así, todos van a creer en él, y las autoridades romanas vendrán y destruirán nuestro templo y nuestra nación". Pero uno de ellos llamado Caifás, sumo sacerdote aquel año, les dijo: "Vosotros no sabéis nada. No os dais cuenta de que es mejor para vosotros que muera un solo hombre por el pueblo y no que toda la nación sea destruida". Pero Caifás no habló así por su propia cuenta, sino que, como era sumo sacerdote aquel año, dijo proféticamente que Jesús había de morir por la nación judía, y no sólo por esta nación, sino también para reunir a todos los hijos de Dios que se hallaban dispersos. Desde aquel día, las autoridades judías tomaron la decisión de matar a Jesús. Por eso, Jesús ya no andaba públicamente entre los judíos, sino que se marchó de la región de Judea a un lugar cercano al desierto, a un pueblo llamado Efraín. Allí se quedó con sus discípulos. Faltaba poco para la fiesta de la Pascua de los judíos, y mucha gente de los pueblos se dirigía a Jerusalén, a celebrar antes de la Pascua los ritos de purificación. Andaban buscando a Jesús, y se preguntaban unos a otros en el templo: "¿Qué os parece? ¿Vendrá a la fiesta, o no?". Los fariseos y los jefes de los sacerdotes habían dado orden de que, si alguien sabía dónde estaba Jesús, lo dijera, para poder apresarle.

Lectura: El profeta exílico da a conocer la voluntad de Dios: repatriar a los israelitas dispersos, purificarlos de sus culpas, sellar alianza eterna con ellos; las naciones se enterarán de quién es y qué hace el Dios de Israel. Caifás habla proféticamente al declarar que conviene que Jesús muera por el pueblo; el evangelista entiende la profecía como anuncio de la reunión de los hijos de Dios dispersos.

Meditación: El centro neurálgico de la vida de Israel era el templo de Jerusalén: en él habita Dios, recibe sacrificios de reparación, dispensa sus bendiciones, otorga la reconciliación; en él se manifestará y hacia él peregrinarán las naciones.

El cuerpo de Jesús es el templo definitivo que sustituye al antiguo, como reveló en la expulsión de los mercaderes (Jn 2,13-22). Se transfieren a su cuerpo las funciones asignadas al lugar sagrado. En su humanidad habita la plenitud de la divinidad: es Dios-con-nosotros; en ella hemos sido bendecidos con toda clase de bienes espirituales: somos hijos y herederos de Dios; en ella, en la ofrenda de sí, nos reconcilió Dios consigo: nos abrazó y borró el protocolo que nos condenaba; en ella se ha cumplido la revelación final de la verdad de Dios: su sangre habla de Dios incomparablemente mejor que la de Abel; en ella, elevada, atrae a todos hacia sí (Jn 12,32): al entregarse por la multitud, alcanza de un confín al otro y es polo de atracción que reúne a todos, como fuente perenne de vida y comunión.

Oración: Te rogamos, Señor, por la Iglesia, tu cuerpo. Reúnela de los confines de la tierra en tu reino y acompáñala hasta que vengas para que sepa vivir en diáspora misionera; que haga presente el misterio de salvación oculto durante siglos y realizado en tu humanidad.

Acción: Puedes tener un tiempo de adoración eucarística.

Domingo de Ramos

Is 50,4-7 El Señor es quien me ayudará.
Sal 21. Dios mío, Dios mío, ¿por qué me has abandonado?
Flp 2,6-11 El nombre sobre todo nombre.
Lc 22,14–23,56

ABRIL 13

Cuando llegó la hora, Jesús y los apóstoles se sentaron a la mesa. (...) Entonces tomó en sus manos una copa, y habiendo dado gracias a Dios dijo: "Tomad esto y repartidlo entre vosotros; porque os digo que no volveré a beber del fruto de la vid hasta que venga el reino de Dios". Después tomó el pan en sus manos, y habiendo dado gracias a Dios lo partió y se lo dio a ellos, diciendo: "Esto es mi cuerpo, entregado a muerte en favor vuestro. Haced esto en memoria de mí". Lo mismo hizo con la copa después de la cena, diciendo: "Esta copa es el nuevo pacto confirmado con mi sangre, la cual es derramada en favor vuestro. Pero mirad, la mano del que me va a traicionar está aquí, con la mía, sobre la mesa. Pues el Hijo del hombre ha de recorrer el camino que se le ha señalado, pero ¡ay de aquel que le traiciona!". Entonces comenzaron a preguntarse unos a otros quién sería el traidor. (...) Simón le dijo: "Señor, estoy dispuesto a ir contigo a la cárcel y hasta a morir contigo". Jesús le contestó: "Pedro, te digo que hoy mismo, antes que cante el gallo, negarás tres veces que me conoces". (...) Luego salió Jesús y, según su costumbre, se fue al monte de los Olivos. Los discípulos le siguieron. Al llegar al lugar, les dijo: "Orad, para que no caigáis en tentación". Se alejó de ellos (...), y se puso a orar de rodillas, diciendo: "Padre, si quieres, líbrame de esta copa amarga; pero no se haga mi voluntad, sino la tuya". En esto se le apareció un ángel del cielo, que le daba fuerzas. En medio de un gran sufrimiento, Jesús oraba aún más intensamente, y el sudor le caía al suelo como grandes gotas de sangre. Cuando se levantó de la oración fue a donde estaban los discípulos, y los encontró dormidos, vencidos por la tristeza. Les dijo: "¿Por qué dormís? Levantaos y orad, para que no caigáis en tentación". Todavía estaba hablando Jesús, cuando llegó un grupo de gente. El que se llamaba Judas, que era uno de los doce discípulos, iba a la cabeza, y se acercó a besar a Jesús. Jesús le dijo: "Judas, ¿con un beso traicionas al Hijo del hombre?". (...) Luego dijo a los jefes de los sacerdotes, a los oficiales del templo y a los ancianos que habían ido a apresarle: "¿Por qué venís con espadas y palos como si yo fuera un bandido? Todos los días he estado con vosotros en el templo, y ni siquiera me tocasteis. Pero ésta es vuestra hora, la del poder de las tinieblas". Arrestaron entonces a Jesús y lo llevaron a la casa del sumo sacerdote. Pedro le seguía de lejos. (...) En esto, una sirvienta, al verle sentado junto al fuego, se quedó mirándole y dijo: "También éste estaba con él". Pero Pedro lo negó, diciendo: "Mujer, yo no le conozco". (...) En el mismo instante, mientras Pedro aún estaba hablando, cantó un gallo. Entonces el Señor se volvió y miró a Pedro (...). Condujeron a Jesús ante la Junta Suprema, y allí le preguntaron: "Dinos, ¿eres tú el Mesías?". "Si os digo que sí -les contestó- no me vais a creer; y si os hago preguntas, no me vais a responder. Pero desde ahora el Hijo del hombre estará sentado a la derecha del Dios todopoderoso". (...) Se levantaron todos y condujeron a Jesús ante Pilato. (...) Pilato reunió a los jefes de los sacerdotes, a las autoridades y al pueblo, y les dijo: "Aquí me habéis traído a este hombre, diciendo que alborota al pueblo, pero le he interrogado delante de vosotros y no le he encontrado culpable de nada de lo que le acusáis. Ni tampoco Herodes, puesto que nos lo ha devuelto. Ya veis que no ha hecho nada que merezca la pena de muerte. Le voy a castigar y luego lo pondré en libertad". Pero todos a una comenzaron a gritar: "¡Fuera con ése! ¡Suéltanos a Barrabás!". (...) Pero ellos insistían a grandes voces, pidiendo que lo crucificase. Y como sus gritos crecían más y más, Pilato decidió hacer lo que le pedían: puso en libertad al que habían escogido, el que estaba en la cárcel por rebelión y asesinato, y entregó a Jesús a la voluntad de ellos. Cuando llevaban a crucificar a Jesús, echaron mano de un hombre de Cirene llamado Simón, que venía del campo, y le hicieron *cargar con la cruz y llevarla detrás de Jesús. Mucha gente y muchas mujeres que lloraban y gritaban de dolor por él, le seguían. (...) Cuando llegaron al sitio llamado de la Calavera, crucificaron a Jesús y a los dos malhechores, uno a su derecha y otro a su izquierda. Jesús dijo: "Padre, perdónalos porque no saben lo que hacen". (...) Uno de los malhechores allí colgados le insultaba, diciéndole: "¡Si tú eres el Mesías, sálvate a ti mismo y sálvanos a nosotros!". Pero el otro reprendió a su compañero diciendo: "¿No temes a Dios, tú que estás sufriendo el mismo castigo? Nosotros padecemos con toda razón, pues recibimos el justo pago de nuestros actos; pero éste no ha hecho nada malo". Luego añadió: "Jesús, acuérdate de mí cuando comiences a reinar". Jesús le contestó: "Te aseguro que hoy estarás conmigo en el paraíso". Desde el mediodía y hasta las tres de la tarde, toda aquella tierra quedó en oscuridad. (...) Jesús, gritando con fuerza, dijo: "¡Padre, en tus manos encomiendo mi espíritu!". Dicho esto, murió. Cuando el centurión vio lo que había sucedido, alabó a Dios diciendo: "¡No hay duda de que este hombre era inocente!". Toda la multitud que estaba presente (...) regresó a la ciudad golpeándose el pecho. Pero todos los amigos de Jesús, y también las mujeres que le habían seguido desde Galilea, se quedaron allí, mirando de lejos (...).*

Lectura: Comienza la Semana Santa. Isaías presenta al siervo, que comunica palabras de consuelo al doliente, se ofrece indefenso a la violencia física de sus agresores y confiesa la ayuda que recibe de Dios. El himno de Filipenses narra el abajamiento de Cristo, que será enaltecido por Dios. Lucas narra las escenas de la Pasión, incluyendo la cena pascual como obertura simbólica del drama. Recordamos la definición de un exégeta: «Los evangelios son unos relatos de la Pasión con un largo prólogo».

Meditación: Señalamos varios rasgos del relato lucano de la Pasión, escrito con sentido parenético:

1) El drama de la Pasión, en que se despliega sin estorbos el poder de las tinieblas, entra en el proyecto divino de salvación y Jesús lo acepta. Los mártires tienen en Él su modelo.

2) Jesús aparece en el relato como profeta, como Hijo de Dios (Lc 22,42; 23,34.46), como siervo sufriente, como Salvador con su entrega eficaz por el perdón de los pecados. Es la profesión de fe que abrazará el creyente.

3) La real condición humana de Jesús se revela en el porfiado combate que libra en Getsemaní, en la somatización de su angustia (suda sangre), en su estado exhausto cuando camina cargado con la cruz (lo que obliga a recurrir al cireneo), en el dolor y la muerte. Tomar parte en la copa significa participar en el sufrimiento del Mesías; el cristiano ha de cargar con la cruz cada día y seguir las huellas de su Maestro y Señor.

4) Jesús es inocente: Pilato lo exculpa por tres veces, Herodes no ve en él delito, uno de los malhechores declara inicua su condena, el centurión testimonia que es un hombre justo, la gente vuelve dándose golpes de pecho. Nosotros confesamos que nos ha justificado.

5) Jesús ora en varios momentos de la pasión: invoca al Padre y le pide que aparte el cáliz, intercede ante Él para que perdone a quienes causan su muerte, entrega confiado el espíritu en las manos del Padre. Los seguidores hemos de orar, para hacer frente a la prueba.

Oración: Te adoramos, Cristo, y te bendecimos, porque por su santa cruz redimiste al mundo. Fuiste confortado por un ángel; confórtanos a nosotros en las pruebas, para que permanezcamos fieles y no caigamos, y al final de nuestra vida admítenos en tu paraíso.

Acción: Lee con toda fe y reverencia este evangelio que narra la pasión y muerte de tu Señor. Deja que el relato vaya calando en ti y contempla cómo actúa tu Redentor.

Lunes santo

Is 42,1-7 Yo, el Señor, te llamé.
Sal 26. El Señor es mi luz y mi salvación.
Jn 12,1-11

ABRIL 14

Seis días antes de la Pascua fue Jesús a Betania, donde vivía Lázaro, a quien había resucitado. Allí hicieron una cena en honor de Jesús. Marta servía, y Lázaro era uno de los que estaban a la mesa comiendo con él. María, tomando unos trescientos gramos de perfume de nardo puro, muy caro, perfumó los pies de Jesús y luego los secó con sus cabellos. Toda la casa se llenó del aroma del perfume. Entonces Judas Iscariote, uno de los discípulos, aquel que iba a traicionar a Jesús, dijo: "¿Por qué no se ha vendido este perfume por trescientos denarios, para ayudar a los pobres?". Pero Judas no dijo esto porque le importasen los pobres, sino porque era ladrón y, como tenía a su cargo la bolsa del dinero, robaba del que allí ponían. Jesús le dijo: "Déjala, porque ella estaba guardando el perfume para el día de mi entierro. A los pobres siempre los tendréis entre vosotros, pero a mí no siempre me tendréis". Muchos judíos, al enterarse de que Jesús estaba en Betania, fueron allá, no sólo por Jesús, sino también por ver a Lázaro, a quien Jesús había resucitado. Entonces los jefes de los sacerdotes decidieron matar también a Lázaro, porque por causa suya muchos judíos se separaban de ellos y creían en Jesús.

Lectura: Dios nos habla, en Isaías, sobre la identidad y la obra de su siervo y habla al siervo sobre la misión que le ha confiado. Ese siervo es Jesús: Isaías narrará más adelante su destino sufriente y la unción de Betania lo preludiará simbólicamente.

Meditación: El evangelista, después de ambientar el relato, lo ordena en tres tiempos, intercalando un paréntesis; la secuencia es esta: el gesto de la discípula, el comentario del discípulo, el paréntesis del narrador, la palabra de Jesús. Todo habla: la unción expresa la intensidad de un amor agradecido; la crítica de ese derroche enmascara una secreta voluntad de robo (el evangelista, con ironía, señala la singular preocupación de un ladrón por los pobres); la palabra de Jesús desentraña el significado con que acoge el gesto de la discípula: anticipa su sepultura. Un gesto expresivo, un enmascaramiento, una revelación. Cada cual actúa y cada cual lee los hechos desde sus intereses, preocupaciones, disposición interior, horizonte vital. Estos dan la clave interpretativa.

En cualquier escena me puedo preguntar, según el papel que desempeño: ¿qué hago?; ¿qué me mueve a hacer lo que hago?; ¿qué sentido doy a lo que hago? Y también: ¿soy calculador o generoso? Finalmente, ¿desde dónde valoro las conductas de otros: desde la mezquindad o desde la amplitud?

Oración: Jesús, recibes el homenaje de María de Betania como una acción profética. Así, tus palabras nos llevan desde el exceso de María al infinito exceso y desmesura con que el amor de tu Padre desborda los gestos de amor de sus criaturas.

Acción: Pregúntate cómo puedes ser hoy «fragancia de Cristo para Dios» y realiza, con la gracia del Espíritu, los gestos o acciones que has pensado.

Martes santo

Is 49,1-6 Mi causa está en manos del Señor.
Sal 70. Mi boca contará tu salvación, Señor.
Jn 13,21-33.36-38

ABRIL **15**

*H*abiendo dicho estas cosas, Jesús, profundamente conmovido, añadió con toda claridad: "Os aseguro que uno de vosotros me va a traicionar". Los discípulos comenzaron a mirarse unos a otros, sin saber a quién se refería. Uno de sus discípulos, al que Jesús quería mucho, estaba cenando junto a él, y Simón Pedro le hizo señas para que le preguntara a quién se refería. Él, acercándose más a Jesús, le preguntó: "Señor, ¿quién es?". "Voy a mojar un trozo de pan -le contestó Jesús-, y a quien se lo dé, ése es". En seguida mojó un trozo de pan y se lo dio a Judas, hijo de Simón Iscariote. Tan pronto como Judas tomó el pan, Satanás entró en su corazón. Jesús le dijo: "Lo que vas a hacer, hazlo pronto". Pero ninguno de los que estaban cenando a la mesa entendió por qué se lo había dicho (...). Judas tomó aquel trozo de pan y salió en seguida. Ya era de noche. Después de haber salido Judas, Jesús dijo: "Ahora se manifiesta la gloria del Hijo del hombre, y la gloria de Dios se manifiesta en él. Y si él manifiesta la gloria de Dios, también Dios manifestará la gloria del Hijo del hombre. Y lo hará pronto. Hijitos míos, ya no estaré mucho tiempo con vosotros. Me buscaréis, pero lo mismo que dije a los judíos os digo ahora a vosotros: No podréis ir a donde yo voy". Simón Pedro preguntó a Jesús: "Señor, ¿a dónde vas?". "A donde yo voy -le contestó Jesús- no puedes seguirme ahora, pero me seguirás después". Pedro le dijo: "Señor, ¿por qué no puedo seguirte ahora? ¡Estoy dispuesto a dar mi vida por ti!". Jesús le respondió: "¿De veras estás dispuesto a dar tu vida por mí? Pues te aseguro que antes de que cante el gallo me negarás tres veces".

Lectura: El siervo, en su segundo canto, habla de su vocación e investidura y del alcance de su misión. Jesús, en la última cena, anuncia la traición de Judas y la negación de Pedro.

Meditación: Jesús conoce de antemano la conducta futura de los suyos. Previsiones tan desconcertantes y dolorosas no nublan el horizonte en que contempla y afronta su final. Comienzan los acontecimientos que ritman el decurso de su «hora», la hora de la gloria del Padre y de la glorificación del Hijo en el Padre. Esto es lo definitivo: la manifestación del esplendor de su amor.

En la escena destacan tres discípulos: el discípulo amado, recostado en su seno, intérprete privilegiado de Jesús; el traidor, Judas, y Pedro, que lo negará. Nos fijamos en Judas. En su conducta advertimos que solo un amigo puede ser traidor, solo un aliado puede pasarse al otro bando, solo puede ser infiel quien ha prometido fidelidad, solo tu confidente puede difundir tus secretos. Estas eventualidades pasan más de una vez a ser hechos y experiencias amargas; no se puede conjurar del todo el riesgo que entrañan una alianza, una promesa, una amistad, una confidencia, pero sería peor intentar evitarlo renunciando a todo vínculo y relación.

Oración: Jesús, tú sabías y Pedro ignoraba qué podía él en ese momento, qué no podía y que podría más tarde. Tú sabes mucho mejor que nosotros qué podemos y qué no podemos en cada encrucijada. Danos sabiduría para que conozcamos nuestros momentos y disposición interior para vivirlos.

Acción: Si has sufrido alguna traición o infidelidad, recuerda cómo te afectaron, cuál fue respuesta, qué proceso viviste para pacificar el corazón.

Miércoles santo

Is 50,4-9a He aquí que el Señor me ayuda.
Sal 68. Señor, que me escuche tu gran bondad el día de tu favor.
Mt 26,14-25

ABRIL **16**

Uno de los doce discípulos, el llamado Judas Isca-riote, fue a ver a los jefes de los sacerdotes y les preguntó: "¿Cuánto me daréis, si os entrego a Jesús?". Ellos señalaron el precio: treinta monedas de plata. A partir de entonces, Judas empezó a buscar una ocasión oportuna para entregarles a Jesús. El primer día de la fiesta en que se comía el pan sin levadura, los discípulos se acercaron a Jesús y le preguntaron: "¿Dónde quieres que te preparemos la cena de Pascua?". Él les contestó: "Id a la ciudad, a casa de Fulano, y decidle: 'El Maestro dice: Mi hora está cerca, y voy a tu casa a celebrar la Pascua con mis discípulos'". Los discípulos hicieron como Jesús les había mandado y prepararon la cena de Pascua. Al llegar la noche, Jesús se había sentado a la mesa con los doce discí-pulos; y mientras cenaban les dijo: "Os aseguro que uno de vosotros me va a traicionar". Ellos, llenos de tristeza, comenzaron a preguntarle uno tras otro: "Se-ñor, ¿acaso soy yo?". Jesús les contestó: "Uno que moja el pan en el mismo plato que yo, va a traicionarme. El Hijo del hombre ha de recorrer el camino que dicen las Escrituras, pero ¡ay de aquel que le traiciona! ¡Más le valdría no haber nacido!". Entonces Judas, el que le estaba traicionando, le preguntó: "Maestro, ¿acaso soy yo?". "Tú lo has dicho" -contestó Jesús.

Lectura: Hoy se proclama el tercer canto del siervo. El ejercicio de la misión le acarrea sufrimientos que afronta con enteraza. Pone su confianza en Dios, que saldrá en su defensa. Jesús provee para que se hagan los preparativos de la última cena y en esta anuncia la traición de Judas.

Meditación: Con el paso dado por Judas ante los sumos sacerdotes se pone en marcha el drama de la pasión. Seis veces aparece el verbo «entregar» (*paradídōmi*) en este pasaje. Lo emplean Judas, el evangelista y Jesús. La palabra de Jesús no es una confidencia; denuncia la culpa del discípulo y la gravedad de su traición. Él no huye ni retrocede ante lo que se le viene encima: se tiene que cumplir la Escritura; esta predice un hecho que no se debe a una fatalidad inexorable, sino a decisiones personales.

El narrador separa a Judas del resto de discípulos, apesadumbrados ante la posibilidad de una decisión pavorosa; Judas queda desgajado del grupo, porque no cuadraría presentarlo lleno de tristeza. Él también pregunta, como para no delatarse; Jesús le dice que justamente así se delata.

Dios es el todopoderoso, pero no puede cohonestar las decisiones y acciones culpables y hacerles cambiar su naturaleza real de males; esa metamorfosis no forma parte de sus infinitas artes. De lo que sí es capaz la omnipotencia divina es de sacar bienes de los males que cometemos los hombres, y así lo hace a través de la pasión de su Hijo, que carga con el pecado del mundo y realiza la ofrenda de sí al Padre; lo que también puede Dios es ofrecer un sentimiento de compunción, perdonar la culpa y dar un corazón nuevo. Esa es su obra y arte verdaderamente divina.

Oración: Señor, danos contrición de corazón, pues no desprecias un corazón quebrantado. Que la confianza en tu gracia sea mayor que nuestro desespero y que el conocimiento del perdón que procede de ti nos infunda sumo respeto a tu santidad.

Acción: Hoy, a diferencia de ayer, puedes evocar alguna infidelidad tuya, el incumplimiento de una palabra dada. Presta atención al daño sufrido por el otro.

Jueves Santo

Ex 12,1-8.11-14 Este mes será para vosotros el principal.
Sal 115. El cáliz de la bendición es comunión con la sangre de Cristo.
1Co 11,23-26 Haced esto en memoria mía.
Jn 13,1-15

ABRIL **17**

*E*ra la víspera de la fiesta de la Pascua. Jesús sabía que le había llegado la hora de dejar este mundo para ir a reunirse con el Padre. Él siempre había amado a los suyos que estaban en el mundo, y así los amó hasta el fin. El diablo ya había metido en el corazón de Judas, hijo de Simón Iscariote, la idea de traicionar a Jesús. Durante la cena, Jesús, sabiendo que había venido de Dios, que volvía a Dios y que el Padre le había dado toda autoridad, se levantó de la mesa, se quitó la ropa exterior y se puso una toalla a la cintura. Luego vertió agua en una palangana y comenzó a lavar los pies de los discípulos y a secárselos con la toalla que llevaba a la cintura. Cuando iba a lavar los pies a Simón Pedro, éste le dijo: "Señor, ¿vas tú a lavarme los pies?". Jesús le contestó: "Ahora no entiendes lo que estoy haciendo, pero más tarde lo entenderás". Pedro dijo: "¡Jamás permitiré que me laves los pies!". Respondió Jesús: "Si no te los lavo no podrás ser de los míos". Simón Pedro le dijo: "¡Entonces, Señor, no sólo los pies, sino también las manos y la cabeza!". Pero Jesús le respondió: "El que está recién bañado no necesita lavarse más que los pies, porque todo él está limpio. Y vosotros estáis limpios, aunque no todos". Dijo: "No estáis limpios todos", porque sabía quién le iba a traicionar". Después de lavarles los pies, Jesús volvió a ponerse la ropa exterior, se sentó de nuevo a la mesa y les dijo: "¿Entendéis lo que os he hecho? Vosotros me llamáis Maestro y Señor, y tenéis razón porque lo soy. Pues si yo, el Maestro y Señor, os he lavado los pies, también vosotros debéis lavaros los pies unos a otros. Os he dado un ejemplo para que vosotros hagáis lo mismo que yo os he hecho".

Lectura: La cuarentena alcanza su meta: el Triduo Pascual. Hoy, Jueves Santo, la palabra «amor» aúna las facetas del acontecimiento que celebramos: la autoentrega de Jesús en el símbolo del banquete y el mandato de celebrar el memorial de su amor; el servicio de Jesús, simbolizado en el lavatorio de los pies, y el mandato del amor fraterno.

El Éxodo narra el rito de la pascua judía, memorial del paso liberador de Dios. Pablo recuerda las palabras y acciones de Jesús en la última cena con los suyos. Juan sitúa en esta cena la escena del lavatorio.

Meditación: Que Jesús realice un servicio propio de esclavos no significa que por unos minutos suspenda su condición de Maestro y Señor y, tras ese inopinado e incongruente paréntesis, la recobre. No es un paréntesis, un eclipse momentáneo de su verdad, un súbito olvido de su dignidad. No; es una revelación de su verdad: abrirnos la mente al misterio de Dios y al suyo propio y así redimirla es un encargo que realiza en filial obediencia; sanar enfermos es declarar la inamisible dignidad del cuerpo del otro; exorcizar es hacer que las personas tomen las riendas de sus vidas; lavar los pies a los suyos es decirles que los ama hasta el fin. Junta los extremos de Señor y de esclavo. Actúa con naturalidad y como lo que es: como todo un señor, como el Señor. Y manda realizarlo con amor y dignidad.

Oración: Gracias, Señor, por tu gesto y tu mandato. Nos enseñas que nos hemos de amar como tú nos has amado y que el amor se esfuma si no se desgrana en servicios concretos.

Acción: Presta un servicio con discreción y amor. Y pregúntate si estás abierto a recibir servicios de otros o te resulta humillante necesitarlos, pedirlos y agradecerlos.

Viernes santo

Is 52,13–53,12 Mi siervo tendrá éxito.
Sal 30. Padre, a tus manos encomiendo mi espíritu.
Hb 4,14-16; 5,7-9 Por su obediencia, Dios le escuchó.
Jn 18,1-19,42

ABRIL **18**

Después de decir estas cosas, Jesús pasó con sus discípulos al otro lado del arroyo de Cedrón, donde había un huerto en el que entró Jesús con ellos. También Judas, el que le traicionaba, conocía el lugar (...). Así que Judas se presentó con una tropa de soldados y con algunos guardias del templo enviados por los jefes de los sacerdotes y por los fariseos. Iban armados y llevaban lámparas y antorchas. Pero como Jesús ya sabía todo lo que había de pasarle, salió a su encuentro y les preguntó: "¿A quién buscáis?". "A Jesús de Nazaret" -le contestaron. Dijo Jesús: "Yo soy" (...). "Ya os he dicho que soy yo. Si me buscáis a mí, dejad que los demás se vayan". Esto sucedió para que se cumpliese lo que Jesús mismo había dicho: "Padre, de los que me confiaste, ninguno se perdió". Entonces Simón Pedro, que llevaba una espada, la sacó y le cortó la oreja derecha a uno llamado Malco, criado del sumo sacerdote. Jesús dijo a Pedro: "Vuelve la espada a su lugar. Si el Padre me da a beber esta copa amarga, ¿acaso no habré de beberla?". Los soldados de la tropa, con su comandante y los guardias judíos del templo, arrestaron a Jesús y lo ataron. Le llevaron primero a casa de Anás, porque éste era suegro de Caifás, el sumo sacerdote de aquel año. Este Caifás era el mismo que había dicho a los judíos: "Es mejor que un solo hombre muera por el pueblo". (...) La portera preguntó a Pedro: "¿No eres tú uno de los discípulos de ese hombre?". Pedro contestó: "No, no lo soy". (...) El sumo sacerdote comenzó a preguntar a Jesús acerca de sus discípulos y de lo que enseñaba. Jesús le respondió: "Yo he hablado públicamente delante de todo el mundo. Siempre he enseñado en las sinagogas y en el templo, donde se reúnen todos los judíos; así que no he dicho nada en secreto. ¿Por qué me preguntas a mí? Pregunta a quienes me han escuchado y que ellos digan de qué les hablaba. Ellos saben lo que he dicho". Cuando Jesús dijo esto, uno de los guardias del templo le dio una bofetada, diciéndole: "¿Así contestas al sumo sacerdote?". Jesús le respondió: "Si he dicho algo malo, muéstrame qué ha sido; y si lo que he dicho está bien, ¿por qué me pegas?". Entonces Anás envió a Jesús, atado, al sumo sacerdote Caifás. Entre tanto, Simón Pedro seguía allí, calentándose junto al fuego. Le preguntaron: "¿No eres tú uno de los discípulos de ese hombre?". Pedro lo negó, diciendo: "No, no lo soy" (...) y en aquel mismo instante cantó el gallo. Llevaron a Jesús de la casa de Caifás al palacio del gobernador romano. (...) Pilato volvió a entrar en el palacio, llamó a Jesús y le preguntó: "¿Eres tú el Rey de los judíos?". Jesús le dijo: "¿Eso lo preguntas tú de tu propia cuenta o porque otros te lo han dicho de mí?". Le contestó Pilato: "¿Acaso yo soy judío? Los de tu nación y los jefes de los sacerdotes te han entregado a mí. ¿Qué has hecho?". Jesús le contestó: "Mi reino no es de este mundo. Si lo fuese, mis servidores habrían luchado para que yo no fuera entregado a los judíos. Pero mi reino no es de aquí". Le preguntó entonces Pilato: "¿Así que tú eres rey?". Jesús le contestó: "Tú lo has dicho: soy rey. Yo nací y vine al mundo para decir lo que es la verdad. Y todos los que pertenecen a la verdad, me escuchan". "¿Y qué es la verdad?". -le preguntó Pilato. Después de esta pregunta, Pilato salió otra vez a hablar con los judíos. Les dijo: "Yo no encuentro ningún delito en este hombre. Y ya que tenéis la costumbre de que os ponga en libertad a un preso durante la fiesta de la Pascua, ¿queréis que os ponga en libertad al Rey de los judíos?". Todos volvieron a gritar: "¡A ese no! ¡A Barrabás!". Y Barrabás era un ladrón. Pilato, entonces, ordenó que azotaran a Jesús. Además, los soldados tejieron una corona de espinas y la pusieron en la cabeza de Jesús, y le vistieron con una capa de color rojo oscuro. Luego se acercaban a él, diciendo: "¡Viva el Rey de los judíos!". Y le golpeaban en la cara. (...) Salió, pues, Jesús, con la corona de espinas en la cabeza y vestido con aquella capa de color rojo oscuro. Pilato dijo: "¡Ahí tenéis a este hombre!". Cuando le vieron los jefes de los sacerdotes y los guardias del templo, comenzaron a gritar: "¡Crucifícalo! ¡Crucifícalo!". Pilato les dijo: "Pues lleváoslo y crucificadle vosotros, porque yo no encuentro ningún delito en él". Los judíos le contestaron: "Nosotros tenemos una ley, y según nuestra ley debe morir porque se ha hecho pasar por Hijo de Dios". Al oír esto, Pilato tuvo más miedo todavía. Entró de nuevo en el palacio y preguntó a Jesús: "¿De dónde eres tú?". Pero Jesús no le contestó nada. Pilato insistió: "¿Es que no me vas a contestar? ¿No sabes que tengo autoridad, tanto para ponerte en libertad como para crucificarte?". Jesús le contestó: "Ninguna autoridad tendrías sobre mí, si Dios no te la hubiera dado. Por eso, el que me ha entregado a ti es más culpable de pecado que tú". Desde aquel momento, Pilato buscó la manera de poner en libertad a Jesús; pero los judíos le gritaban: "¡Si le pones en libertad, no eres amigo del césar! ¡Todo el que se hace rey es enemigo del césar!". Al oír esto, Pilato ordenó que sacaran a Jesús, y luego se sentó en el tribunal, en el lugar que llamaban en hebreo Gabatá (es decir, el Empedrado). Era la víspera de la Pascua, hacia el mediodía. Pilato dijo a los judíos: "¡Aquí tenéis a vuestro Rey!". Pero ellos gritaban: "¡Muera! ¡Muera! ¡Crucifícalo!". Pilato les preguntó: "¿Acaso he de crucificar a vuestro Rey?". Y los jefes de los sacerdotes le contestaron: "¡No tenemos más rey que el césar!". Entonces Pilato les entregó a Jesús para que lo crucificaran, y ellos se lo llevaron. Jesús, llevando su cruz, salió para ir al llamado "Lugar de la Calavera" (que en hebreo es Gólgota). Allí lo crucificaron, y con él a otros dos, uno a cada lado. Pilato mandó poner sobre la cruz un letrero que decía: "Jesús de Nazaret, Rey de los judíos". Muchos judíos leyeron aquel letrero, porque el lugar donde crucificaron a Jesús se hallaba cerca de la ciudad, y el letrero estaba escrito en hebreo, latín y griego. Por eso, los jefes de los sacerdotes judíos dijeron a Pilato: "No escribas: 'El Rey de los judíos', sino: 'El que dice ser Rey de los judíos'". Pero Pilato les contestó: "Lo que he escrito, escrito queda". Después de crucificar a Jesús, los soldados tomaron sus ropas y se las repartieron en cuatro partes, una para cada uno. Tomaron también su túnica, pero como no tenía costura, sino que estaba tejida de arriba abajo de una sola pieza, se dijeron entre ellos: "No la partamos. Echémosla a suertes, a ver a quién le toca". Así se cumplió la Escritura que dice: "Se repartieron entre sí mi ropa y echaron a suertes mi túnica". Esto fue lo que hicieron los soldados. Junto a la cruz de Jesús estaban su madre y la hermana de su madre, María, esposa de Cleofás, y María Magdalena. Cuando Jesús vio a su madre y junto a ella al discípulo a quien él quería mucho, dijo a su madre: "Mujer, ahí tienes a tu hijo". Luego dijo al discípulo: "Ahí tienes a tu madre". Desde entonces, aquel discípulo la recibió en su casa. Después de esto, como Jesús sabía que ya todo se había cumplido, y para que se cumpliera la Escritura, dijo: "Tengo sed". Había allí una jarra llena de vino agrio. Empaparon una esponja en el vino, la ataron a una rama de hisopo y se la acercaron a la boca. Jesús bebió el vino agrio y dijo: "Todo está cumplido". Luego inclinó la cabeza y murió. Era el día de la preparación de la Pascua. Los judíos no querían que los cuerpos quedasen en las cruces durante el sábado, pues precisamente aquel sábado era muy solemne. (...) Fueron entonces los soldados y quebraron las piernas primero a uno y luego al otro de los crucificados junto a Jesús. Pero al acercarse a Jesús vieron que ya había muerto. Por eso no le quebraron las piernas. Sin embargo, uno de los soldados le atravesó el costado con una lanza, y al momento salió sangre y agua. El que cuenta esto es uno que lo vio y que dice la verdad. Él sabe que dice la verdad, para que vosotros también creáis. Porque estas cosas sucedieron para que se cumpliera la Escritura que dice: "No le quebrarán ningún hueso". Y en otra parte dice la Escritura: "Mirarán al que traspasaron". Después de esto, José, el de Arimatea, pidió permiso a Pilato para llevarse el cuerpo de Jesús. (...) Pilato le dio permiso, y José fue y se llevó el cuerpo. También Nicodemo, el que una noche fue a hablar con Jesús, llegó con unos trein-

ta kilos de perfume de mirra y áloe. José y Nicodemo, pues, tomaron el cuerpo de Jesús y lo envolvieron con vendas empapadas en aquel perfume (...). En el lugar donde crucificaron a Jesús había un huerto, y en el huerto un sepulcro nuevo, donde todavía no se había depositado a nadie. Allí pusieron el cuerpo de Jesús, porque el sepulcro estaba cerca y porque ya iba a empezar el sábado de los judíos.

Lectura: El sufrimiento asumido por el siervo inocente es infinitamente fecundo (Isaías). La obediencia del Hijo es fuente de eterna salvación (Hebreos). La muerte del Cordero inocente es descifrada en toda su hondura teológica (Juan).

Meditación: Señalamos varios hilos que tejen el relato de la pasión según san Juan. 1) Desde el comienzo queda patente que es la víctima, Jesús, quien en realidad lleva la iniciativa y domina todo el desarrollo de los hechos. Lo ilustra ejemplarmente el episodio del prendimiento. Nadie le arrebata la vida, la da él voluntariamente.

2) Jesús aparece como un reo; en realidad, es testigo y juez. Testigo, porque ha venido a dar testimonio de la verdad. Juez: Pilato, sin querer, lo reconoce al hacer que *se siente* en el Enlosado. Las dos instancias que intervienen en la condena de Jesús (el senado y Pilato) están de pie ante Él, y Él, como juez, ocupa la sede del tribunal.

3) Se subraya la condición regia de Jesús: la declaran el diálogo con Pilato y el letrero de la cruz, mantenido en su tenor por el procurador, sordo a la protesta de los adversarios. La crucifixión es la entronización del rey de los judíos, que ha llevado la cruz regiamente sobre sus hombros, sin ayuda de cirineo. El patíbulo se convierte en trono desde el que reina.

4) Jesús es el verdadero cordero pascual. Su crucifixión tiene lugar en el momento en que son sacrificados los corderos en el templo. Como el verdadero cordero pascual que es no le quebrarán un hueso y quitará el pecado del mundo (Jn 1,29). Del mundo: el letrero escrito en las tres lenguas significa la universalidad de su obra redentora.

5) Varios datos indican el hilo eclesiológico del texto: la túnica sin costuras; la palabra autoritativa de Jesús a su madre y al discípulo amado, que representa a la comunidad joánica y, por extensión, a las demás comunidades eclesiales; la entrega del Espíritu.

6) Del costado de Jesús manan sangre y agua, los dos grandes símbolos de la vida. Según un Targum, de la roca que golpeó Moisés brotó primero sangre y luego agua. El costado abierto de Jesús alumbra manantiales de agua que purifica de los pecados.

7) Jesús muere dando cima a la obra reveladora que el Padre le había confiado. Esta no ha quedado truncada ni ha resultado fallida. La muerte la vuelve definitiva e irrevocable. Por eso podrá decir: «[Todo] está cumplido».

Oración: ¡Gloria a ti, Unigénito del Padre e hijo de María! Al fin llegó la hora, aquella hora tuya que anuda la eternidad de Dios y las horas todas de nuestro tiempo. En ella el amor de Dios al mundo encontró la respuesta humana a que tendían todos los siglos que la precedieron y en la que descansan todos los siglos que la prolongan. ¡Gloria a ti, Cordero inmolado y Rey vencedor!

Acción: Puedes realizar las tres prácticas a que se nos invitó al comienzo de la Cuaresma: la oración, participando en la celebración de la Pasión del Señor, el ayuno prescrito para este día y la limosna para los Santos Lugares.

Vigilia Pascual

Gn 1,1–2,2 En el principio de todo, Dios.
Sal 103. Envía tu espíritu, Señor, y repuebla la faz de la tierra.
Ex 14,15–15,1 El Señor pelea a favor de ellos.
Sal: Ex 15,1-6.17-18. Cantaré al Señor, sublime es su victoria.
Rm 6,3-11 Unidos a Cristo en su resurrección.
Lc 24,1-12

El primer día de la semana las mujeres volvieron al sepulcro muy temprano, llevando los perfumes que habían preparado. Al llegar, encontraron que la piedra que tapaba el sepulcro no se hallaba en su lugar; y entraron, pero no encontraron el cuerpo del Señor Jesús. Estaban asustadas, sin saber qué hacer, cuando de pronto vieron a dos hombres de pie junto a ellas, vestidos con ropas brillantes. Llenas de miedo se inclinaron hasta el suelo, pero aquellos hombres les dijeron: "¿Por qué buscáis entre los muertos al que está vivo? No está aquí. Ha resucitado. Acordaos de lo que os dijo cuando aún se hallaba en Galilea: que el Hijo del hombre había de ser entregado en manos de pecadores, que lo crucificarían y que al tercer día resucitaría". Entonces recordaron ellas las palabras de Jesús, y al regresar del sepulcro contaron todo esto a los once apóstoles y a los demás. Las que llevaron la noticia a los apóstoles fueron María Magdalena, Juana, María madre de Santiago, y las otras mujeres. Pero a los apóstoles les parecía una locura lo que ellas contaban, y no las creían. Sin embargo, Pedro fue corriendo al sepulcro. Miró dentro, pero no vio más que las sábanas. Entonces volvió a casa admirado de lo que había sucedido.

Lectura: La liturgia de la Palabra jalona las grandes acciones de Dios como Creador y Salvador. El apóstol recuerda el misterio de la muerte y resurrección del Señor y expone el significado pascual del bautismo como incorporación a

Cristo y a su destino. El evangelio narra la vivencia de las seguidoras de Jesús ante el sepulcro del Maestro; los Apóstoles no dan crédito a su testimonio.

Meditación: El evangelio enlaza con el final del relato lucano de la Pasión: mujeres testigos de la muerte y sepultura de Jesús son ahora testigos de un vacío (el sepulcro ha sido desalojado) y reciben una revelación: no atinan al buscar entre los muertos al Viviente. ¡Ha resucitado! Los mensajeros añaden: «Tenéis que correr la losa del olvido y desenterrar recuerdos sepultados en vuestra memoria: Jesús os había anunciado ya en Galilea su futura Pascua».

El anuncio de las mujeres rebota en los Apóstoles: son delirios, un duelo mal elaborado, disparate antológico. Sí, ¡qué disparate! Escribirá Jorge Guillén: «Magnífico el disparate / que en júbilo se desate! // El Señor resució. / ¡Impere el Sí, calle el No! // Sí, tu primavera es tuya. / ¡Resurrección, aleluya!».

Ese primer recuerdo reavivará los demás. Porque la muerte de Jesús no significó la desautorización por Dios de su ministerio mesiánico; este ha quedado confirmado solemnemente por la resurrección del Crucificado. Y en adelante se releerán las Escrituras con clave cristológica. La comunidad de Jesús será una comunidad de memoria y de reinterpretación.

Oración: Señor radiante, / va tu sangre conmigo, / siempre adelante. Sangre de alianza, en marcha, / no retrocedas. La luz rueda en el mundo / mientras tú ruedas. Todo lo mueves, / universo de un cuerpo/ dorado y leve. / Herramienta es tu risa, / luz que proclama / la victoria del trigo / sobre la grama. (Ligeramente retocados, son versos de Miguel Hernández con motivo de los dos años de su hijo).

Acción: En este Año Jubilar, felicita las Pascuas con tono y acento de viva esperanza.

Oraciones

Ven, Espíritu divino

Ven, Espíritu divino;
manda tu luz desde el cielo.
Padre amoroso del pobre;
don, en tus dones, espléndido;
luz que penetra las almas;
fuente del mayor consuelo.

Ven, dulce huésped del alma,
descanso de nuestro esfuerzo,
tregua en el duro trabajo,
brisa en las horas de fuego,
gozo que enjuga las lágrimas
y reconforta en los duelos.

Entra hasta el fondo del alma,
divina luz, y enriquécenos.
Mira el vacío del hombre
si tú le faltas por dentro;
mira el poder del pecado
cuando no envías tu aliento.

Riega la tierra en sequía,
sana el corazón enfermo,
lava las manchas, infunde
calor de vida en el hielo,
doma el espíritu indómito,
guía al que tuerce el sendero.

Reparte tus siete dones
según la fe de tus siervos;
por tu bondad y tu gracia
dale al esfuerzo su mérito;
salva al que busca salvarse
y danos tu gozo eterno. Amén.

(Secuencia de Pentecostés)

En tierra extraña peregrinos

En tierra extraña peregrinos
con esperanza caminamos,
que, si arduos son nuestros caminos,
sabemos bien a dónde vamos.

En el desierto un alto hacemos,
es el Señor quien nos convida,
aquí comemos y bebemos
el pan y el vino de la Vida.

Para el camino se nos queda
entre las manos, guiadora,
la cruz, bordón, que es la vereda
y es la bandera triunfadora.

Entre el dolor y la alegría,
con Cristo avanza en su andadura
un hombre, un pobre que confía
y busca la ciudad futura. Amén.

(Liturgia de las horas)

Llorando los pecados

Llorando los pecados
tu pueblo está, Señor.
Vuélvenos tu mirada
y danos el perdón.

Seguiremos tus pasos,
camino de la cruz,
subiendo hasta la cumbre
de la Pascua de luz.

La Cuaresma es combate;
las armas: oración,
limosnas y vigilias
por el reino de Dios.

«Convertid vuestra vida,
volved a vuestro Dios,
y volveré a vosotros»,
esto dice el Señor.

Tus palabras de vida
nos llevan hacia ti,
los días cuaresmales
nos las hacen sentir. Amén.

(Liturgia de las horas)

Libra mis ojos de la muerte

Libra mis ojos de la muerte;
dales la luz que es su destino.
Yo, como el ciego del camino,
pido un milagro para verte.

Haz de esta piedra de mis manos
una herramienta constructiva;
cura su fiebre posesiva
y ábrela al bien de mis hermanos.
Que yo comprenda, Señor mío,
al que se queja y retrocede;
que el corazón no se me quede
desentendidamente frío.
Guarda mi fe del enemigo
(¡tantos me dicen que estás muerto!)
Tú que conoces el desierto,
dame tu mano y ven conmigo.

(Liturgia de las horas)

Este es el día del Señor

Este es el día del Señor.
Este es el tiempo de la misericordia.

Delante de tus ojos
ya no enrojeceremos
a causa del antiguo
pecado de tu pueblo.
Arrancarás de cuajo
el corazón soberbio
y harás un pueblo humilde
de corazón sincero.

En medio de las gentes
nos guardas como un resto
para cantar tus obras
y adelantar tu reino.
Seremos raza nueva

para los cielos nuevos;
sacerdotal estirpe,
según tu Primogénito.

Caerán los opresores
y exultarán los siervos;
los hijos del oprobio
serán tus herederos.
Señalarás entonces
el día del regreso
para los que comían
su pan en el destierro.

¡Exulten mis entrañas!
¡Alégrese mi pueblo!
Porque el Señor que es justo
revoca sus decretos:
La salvación se anuncia
donde acechó el infierno,
porque el Señor habita
en medio de su pueblo.

(Liturgia de las horas)

¿Qué tengo yo que mi amistad procuras?

¿Qué tengo yo, que mi amistad procuras?
¿Qué interés te sigue, Jesús mío,
que a mi puerta, cubierto de rocío,
pasas las noches del invierno a oscuras?

¡Oh, cuánto fueron mis entrañas duras,
pues no te abrí!; ¡qué extraño desvarío,
si de mi ingratitud el hielo frío
secó las llagas de tus plantas puras!

¡Cuántas veces el ángel me decía:
«Alma, asómate ahora a la ventana,
verás con cuánto amor llamar porfía»!

¡Y cuántas, hermosura soberana:
«Mañana le abriremos», respondía,
para lo mismo responder mañana!

(Liturgia de las horas)

Recuerde el alma dormida

Recuerde el alma dormida,
avive el seso y despierte
contemplando
cómo se pasa la vida,
cómo se viene la muerte
tan callando;
cuán presto se va el placer,
cómo, después de acordado,
da dolor;
cómo, a nuestro parecer,
cualquier tiempo pasado
fue mejor.

Nuestras vidas son los ríos
que van a dar en el mar,
que es el morir;
allí van los señoríos
derechos a se acabar
y consumir;
allí los ríos caudales,
allí los otros medianos
y más chicos;

y, llegados, son iguales
los que viven por sus manos
y los ricos.

Este mundo es el camino
para el otro, que es morada
sin pesar;
mas cumple tener buen tino
para andar esta jornada
sin errar.

Partimos cuando nacemos,
andamos mientras vivimos,
y llegamos
al tiempo que fenecemos;
así que cuando morimos
descansamos.
Este mundo bueno fue
si bien usásemos de él
como debemos,
porque, según nuestra fe,
es para ganar aquel
que atendemos.
Aun aquel Hijo de Dios,
para subirnos al cielo,
descendió
a nacer acá entre nos,
y a vivir en este suelo
donde murió.

(Liturgia de las horas)

Te damos gracias, Señor

Te damos gracias, Señor,
porque has depuesto la ira
y has detenido ante el pueblo
la mano que lo castiga.

Tú eres el Dios que nos salva,
la luz que nos ilumina,
la mano que nos sostiene
y el techo que nos cobija.

Y sacaremos con gozo
del manantial de la Vida
las aguas que dan al hombre
la fuerza que resucita.

Entonces proclamaremos:
«¡Cantadle con alegría!
¡El nombre de Dios es grande;
su caridad, infinita!

¡Que alabe al Señor la tierra!
Contadle sus maravillas.
¡Qué grande, en medio del pueblo,
el Dios que nos justifica!».

Amén.

(Liturgia de las horas)

Porque anochece ya

Porque anochece ya,
porque es tarde, Dios mío,
porque temo perder
las huellas del camino,
no me dejes tan solo
y quédate conmigo.

Porque he sido rebelde
y he buscado el peligro
y escudriñé curioso
las cumbres y el abismo,
perdóname, Señor,
y quédate conmigo.

Porque ardo en sed de ti
y en hambre de tu trigo,
ven, siéntate a mi mesa,
bendice el pan y el vino.
¡Qué aprisa cae la tarde!
¡Quédate al fin conmigo!

(*Himno litúrgigo*)

En esta tarde

En esta tarde, Cristo del Calvario,
vine a rogarte por mi carne enferma;
pero, al verte, mis ojos van y vienen
de tu cuerpo a mi cuerpo con vergüenza.

¿Cómo quejarme de mis pies cansados,
cuando veo los tuyos destrozados?

¿Cómo mostrarte mis manos vacías,
cuando las tuyas están llenas de heridas?

¿Cómo explicarte a ti mi soledad,
cuando en la cruz alzado y solo estás?
¿Cómo explicarte que no tengo amor,
cuando tienes rasgado el corazón?

Ahora ya no me acuerdo de nada,
huyeron de mí todas mis dolencias.
El ímpetu del ruego que traía
se me ahoga en la boca pedigüeña.

Y solo pido no pedirte nada,
estar aquí, junto a tu imagen muerta,
ir aprendiendo que el dolor es solo
la llave santa de tu santa puerta.

(*Himno litúrgico*)

Nada te turbe

Nada te turbe,
nada te espante,
todo se pasa,
Dios no se muda,
la paciencia
todo lo alcanza;
quien a Dios tiene
nada le falta:
solo Dios basta.

(*Santa Teresa de Jesús*)